人権と民主主義の再考

――中国の台頭、ポピュリズム、社会的分断の中で

碓井敏正

ロゴス

まえがき

　最近、民主主義に関わる書籍の出版が増えた気がする。著者たちの意識にあるのは、現在の民主主義体制に対する危機感である。中国のような独裁国家の影響力の拡大、一方で、日本を含む先進諸国における社会的分断やポピュリズムの台頭などを見ると、無理のないところである。

　日本では民主主義は何とか機能しているように思われるが、社会状況は最悪である。引きこもりや自殺者が増えていることに見られるように、生きづらさが社会を支配しており、その結果、若年層を中心に政治に期待しない国民が増えている。そのような中で、安倍元首相銃撃死事件（二〇二二年）のような、追い詰められた孤立者による社会病理的とも言うべき事件も起きている。

　そう考えると、日本では民主主義を機能させる前提条件に重大な欠損があることが分かる。それ故、民主主義を実質化していくためには、単に制度上の問題だけでなく、それを機能不全に陥らせている社会的矛盾の全体的解明が求められている。ところが人権や民主主義に関わる書籍は、法学者や政治学者など、その道の専門家によるものが多いため、そのような総合的視点から書かれたものはあまりない。

　わたしは専門が哲学であるため、これまで規範的な立場から、正義や格差また市民社会論や組織論などについて研究してきた。やや手前味噌になるが、不安定で複雑化した現代社会では、個別専門的な議論よりも問題を総合的にとらえる、哲学的視点が求められているように思われる。

本書を貫くわたしの根本的問題意識は、人権と民主主義の可能性に対する信頼である。しかしその信頼を確実なものにするには、それに内在する問題とそれを取り巻く矛盾を解決し、民主主義が機能する条件を満たすことが必要である。

それは容易な道ではない。実はわたしは三〇年ほど前に、本書と似たテーマの著書（『戦後民主主義と人権の現在』部落問題研究所）を出したことがある。今それを読み直して気づくのは、人権と民主主義の将来について、当時はやや楽観的にとらえていたということである。その後の時代の展開は、人権と民主主義の実質化が容易な作業ではないことを教えている。本書では、そのような時代の変化を踏まえながら、人権と民主主義を取り巻く現代的矛盾と、大まかではあるが、その解決の方向性を明らかにするよう努めた。

なお本書は、雑誌（季刊『フラタニティ』ロゴス）に掲載された連載原稿を基にしているが、大幅に書き直し、また書き加えたため、書下ろしに近い内容となっている。

本書が人権と民主主義に対する人々の希望をつなぐことに貢献することを願うばかりである。

二〇二四年六月

碓井敏正

人権と民主主義の再考
――中国の台頭、ポピュリズム、社会的分断の中で

目次

序章　進行する世界の多極化と人権、民主主義を取り巻く状況

はじめに——多極化する世界と民主主義の後退

現代はかつてないほど、先行きの見えない混迷の時代である。ロシアによるウクライナ侵攻や中東の紛争（イスラエルによるガザ攻撃）など、その解決の見通しは立っていない。国際紛争の頻発とその解決が難しい理由の背景には、世界の多極化の傾向がある。多極化を進めている要因には、中国やインドの台頭に加え、アメリカや西欧諸国の地位の低下がある。このことは人権と民主主義にとって、好ましい傾向ではないように思われる。言うまでもなく、人権や民主主義は西欧諸国の歴史的、文化的背景の中で成立したからである。

S・ハンチントンは『文明の衝突』（一九九六年）において、アメリカをはじめとする西欧の地位は今後低下していくこと、これまで西欧文明を押し付けられてきた東アジアなどが経済的に発展する中で、自らの文化的価値観を主張し、西欧の価値観を拒絶するであろうと述べた。彼によれば、二〇世紀における自由民主主義とマルクス主義との闘争は、イスラム世界とキリスト教世界との激しい抗争と比べれば、表面的で一時的な歴史現象に過ぎなかったという。

図1　近代化と文化の復活

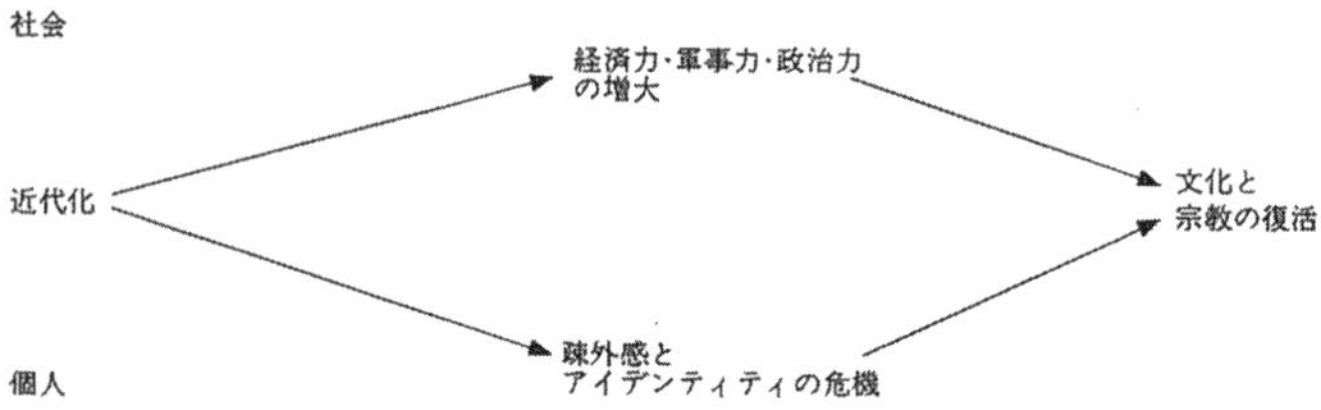

そして今後の世界政治は日本を含む、九つほどの文明圏（西欧文明、東方正教会文明、ラテンアメリカ文明、イスラム文明、ヒンドゥー文明、中華文明など）による文明を中心とした政治になり、その結果、超大国同士の抗争に代わって文明間の衝突が起こるであろうという。さらに中国の勃興は異文明間の大戦争を引き起こす可能性があるともいう。ハンチントンの言う文明間の抗争は図1に示したように、後発国の近代化による経済力や軍事力の増大と、近代化された社会における個人の疎外感を背景とするだけに、その危険性は無視できないものがある。

果たして彼が予見するように、文明に支配された政治の下で、西欧由来の人権と民主主義はその役割を低下させることになるのであろうか。確かに世界第二位の経済大国となった中国は、共産党の一党支配による権威主義的体制を維持しながら、世界に対する影響力を強めつつある。またロシアにおいても、ソ連崩壊後、民主主義体制を取り入れたかに見えたが、プーチン体制が確立されて以降は、軍事的拡張主義の下で民主主義は後退している。さらにインドでは現モディ長期政権の下で、ヒンドゥー主義に基づく政治の権威主義化が進んでおり、インドはもはや民主主義国ではないという見解すらある。

　これらの事実は、ハンチントンの予見を裏付けているように思われる。さらに懸念されるのが、人権と民主主義の母国である西欧諸国の現状である。すなわちヨーロッパでは極右政党が台頭しており、またアメリカではトランプ大統領の出現に象徴されるように、国民的分断を要因とする排外主義的ポピュリズムの影響力が拡大している。このような世界の現実を見るとき、人権と民主主義の将来に対して、悲観的にならざるを得ないのが実情である。本書の課題はそのような現状を踏まえながら、人権と民主主義を護り、さらにそれを将来の世界的秩序にしていくために、何が求められているのかを明らかにすることである。

　そのためにまず必要なことは、なぜ中国のような権威主義的体制が存続するのか、またロシアの民主主義が後退した理由はどこにあるのか、さらに西欧諸国における民主主義の危機の要因はどこにあるのか、これらの問題を解明することである。

　政治学者の宇野重規氏は民主主義を揺るがす要因として、以下の四つを上げていた。それらは、①プーチンや習近平など独裁的指導者の増加、②ポピュリズムの台頭、③情報化などの技術革新、④コロナ危機、である（『民主主義とは何か』）。これらの現代的課題に向き合い、その解決策を追究すること抜きに、人権と民主主義の将来を語ることはできないであろう。

　そこで序章では、宇野氏の上げた四つの要因、すなわち中国をはじめ台頭しつつある権威主義的独裁体制の問題をまず取り上げ、次いで先進諸国におけるポピュリズムの台頭、さらに情報化が民主主義に与える影響について、そして最後にコロナ禍が与えた民主主義の評価について、人権と民主主義を擁護する立場から論じることとする。なおこれらの問題については、本章でより詳しく分析するが、序章では、これらの現象をとらえる基本的視点を明らかにしたい。

中国の台頭と権威主義体制をどう理解するか

最初に取り上げるべきは、中国の問題である。中国は市場経済の導入による経済の発展が市民社会の成熟をもたらし、政治体制もやがて民主化されるであろうと考えられてきた。しかし現状では、特に習近平体制以降、国民管理を強化しており、民主化の兆しは見えない。このような中国の現状を人権と民主主義の実現という視点から、どのようにとらえたらよいのであろうか。そのためにはまず、経済的土台（市場経済）と政治体制とのやや複雑な関係を理解しておく必要がある。

開発独裁という概念があるが、権威主義的、独裁的政治体制は経済発展の初期においては、効果的な経済政策が実行できるという利点がある。そして経済発展による生活の向上は、国民にとって大きな利益であるため、そのことを国民が受け入れる傾向がある。その初期において、ソ連における共産党の支配を国民が受け入れたのも、そのためと考えてよい。

人権と民主主義体制の実現を阻むもう一つの要因は、権力は独自の論理（その中心は、権力者が自らの権力を絶対化しようとする傾向）によって支配されており、経済的諸関係によって一元的に規定されるものではない、という事実である。この事実は従来型の史的唯物論の公式の修正を迫るものである。なお付け加えて言えば、一八六〇年代における第一インターナショナルの主導権争いで、マルクス主義者と対立していた無政府主義者たちは、このような権力の独自の論理とその危険性にいち早く気づいていた。

　中国の将来に対する予測が外れたのは、この第二の理由によるところが大きい。それ故、現在の中国の政治体制が民主主義に移行することは、容易なことではないであろう。しかしそのことは、中国の現在の体制が永久に続くことを意味しない。持続可能な市場経済は権威主義的で閉鎖的な体制よりも、やはり自由主義的、民主主義的体制により親和的だからである。

　そのことは近年の中国の経済停滞を見れば分かる。その一因は、国民管理体制と外国人への監視を強化した習近平体制を嫌い、外国資本が逃げ出したところにあると言われている。また個人の創造的活動が抑制される体制が、経済活動に影響を与えることの意味も大きい。このように資本や個人の自由な活動が保障されない閉鎖的で抑圧的な国においては、さらなる経済発展は期待できないのである。

　以上の考察から結論できることは、長期的視点に立てば、F・フクヤマが述べたように（『歴史の終わり』）、やはり人間の自由を保障する体制が、これからの世界の主要な体制になるであろうということである。ただしそれは、それぞれの国や地域の文化的特性に適う形で実現するであろうということ（そのことは明治以降の日本の近代化の歴史が教えている）、それ故、その実現には時間がかかるということである。

ポピュリズムの要因と国家の役割

次に、すでに民主主義体制が確立された、先進諸国におけるポピュリズムについて考えてみよう。ポピュリズムは先進諸国における、最大の内在的矛盾と考えることができる。ポピュリズムの評価は簡単ではないが、その運動がしばしば虚偽の情報によって扇動されること、また他者の意見を尊重する理性的な議論（熟議）を否定する点で、民主主義にとって危険な動向と見てよいであろう。しかもそれが社会の情報化を利用する形で行われていることも見逃せない。

ポピュリズムの理解において重要なことは、それが既成の政治エリートに対する民衆の不満を背景としているという点である。その意味ではポピュリズムは、民主主義の機能不全から生じた運動と考えることができる。なお民衆の不満を生む背景には、中間層の没落による貧困と格差の拡大、またグローバル化による移民の増加などによる労働市場の流動化などがある。これらの点について詳しくは第3章で論じるが、人権と民主主義を護りさらに発展させていくためには、このような民主主義国家が抱える病理的とも言うべき矛盾を解決することが不可欠なのである。

その点で強調すべきは国家の役割である。ポピュリズムの要因である貧困と格差による国民的分断を解決できるのは、富の再配分や福祉政策の強化による平等の確保が必要であるが、それができるのは国家以外に考えられないからである。

一方で現代国家には、人権の国民国家的制約を乗り越えること、また国家の枠を超えた国際的レベルでの民主的協議体制の構築が求められている。これが求められるのは、第2章で論じるように、現状では人権が保障されるのは国民に限定されているからである。この点を克服し人権を普遍化すること、また国際的課題を国境に捕らわれずに民主的に決定する秩序を構築することは、排外的なナショナリズムを防ぎ、平和的な国際関係を築く条件となっている。

そう考えると、現代の民主主義国家は、①伝統的な国家の役割（富の再分配など）の強化と、②その限界（人権の国民国家的制約など）の克服という、解決の方向性の異なる二つの課題を同時に課されていることが分かる。いずれにしろ、人権と民主主義を護り発展させ、次の時代につなげていくために、国家の役割が現在ほど問われている時代はないのである。

情報化の功罪と民主主義

次に、情報化の問題を取り上げよう。民主主義を劣化させる要因として、近年の情報化の進展を上げる考え方がある。情報化は現代の主要な傾向であり、仮にそれが民主主義にとって否定的な意味を有するとすれば、事は重大である。哲学者のM・ガブリエルは、情報化は公私の区別をなくすことによって、社会の全体主義化をもたらしたが、この種の全体主義の方が、中国流の権威主義的全体主義よりも問題であるという。彼はこれをデジタル全体主義と呼んでいる（『全体主義の克服』）。また一風変わったデジタル民主主義を説く成田悠輔氏は、情報化が民主主義に与える否定的な影響を強調する（『二二世紀の民主主義』）。

氏によれば、インターネットやＳＮＳの浸透に伴って民主主義の劣化が起きたという。それは政治がＳＮＳなどによって、より早く人々の声に反応するようになったため、政治家が民衆を扇動し、分断する傾向が強まったことによる。その結果、特に民主主義国においては、以下のような問題が生じているという。

①政党や政治家によるポピュリスト的言動
②政党や政治家によるヘイトスピーチ
③政治的思想・イデオロギーの分断（二極化）

このように成田氏は、情報交流が自由な民主主義国ほど、情報化による民主主義の劣化が進んでいると考える。これが本当であるならば、情報化が自由を柱とする民主主義に与える否定的影響は、相当に深刻なものと言わねばならない。

しかしだからといって、中国におけるような国家による情報管理が問題を解決するわけではない。またそれが可能であるとも思われない。われわれに求められるのは、情報化の悪用を防ぐルールづくり、すなわちマイナンバー・カードなどによる国家の情報管理をチェックすると同時に、情報のプラットホームを提供する巨大な情報企業（ＧＡＦＡＭ）を民主的に規制することであろう。

情報化にマイナス面（この点は第６章で述べる）があるとしても、われわれは情報化の肯定的な側面、すなわち、それがこれまでのメディアによる上からの一方的な情報伝達に対して政治権力をチェックし、国民間の水平的な情報交流に貢献したことを評価する必要がある。なお管見では、Ｓ

NS上での意見表明は権力とは距離を置く、市民社会的立場からのものが多い。これらの点を踏まえるならば、情報化はむしろ民主主義の実質化に貢献するものと考えるべきであろう。その最終的根拠となるのが、市民社会の成熟傾向である。

情報化がポピュリズムやヘイトスピーチを増幅するとしても、われわれに求められるのは、それを生む社会的要因、具体的には貧困や格差による社会的分断の実態を明らかにし、そのような矛盾に有効に対応することである。その点で国家の役割が大きいことはすでに述べた所である。またヘイトスピーチや排外的ポピュリズムは、情報化により増幅された面があるが、その背景には、人権や民主主義の国民国家的制約が存在する。この問題の解決は、人権と民主主義を実質化する上で重要な条件となっていると思われるので、第2章で改めて論じることとする。

コロナ禍問題と民主主義

最後にコロナ禍問題について論じておこう。コロナ禍が民主主義の評価に与えた影響は無視できないものがある。中国当局は自国における新型コロナの感染を抑え込んだことを、自らの体制の優位性を示す理由として宣伝した。確かに独裁的体制においては民主主義体制に比べ、政治的決定に時間がかからないため、急を要する事態に対して迅速な対応ができるという「利点」がある。

しかし感染時の初期の事実を振り返るならば、当局の言い分には大きな疑問が残る。というのは、感染の発生地である武漢において、その拡大に注意を呼び掛けていた当地の病院の医師が当局から処分を受け、その後自らもコロナの感染により亡くなったという事実があった。もし当局がコロナ感染の事実を早く認めていれば、拡大を早期に防ぐことにより犠牲者を減らせた可能性が高い。また中国政府はその後のＷＨＯなどの研究機関による調査を拒否するなど、自らの失政を隠蔽する工作を行った。

このようなやり方は、自己の対応を絶対化する権威主義体制に特徴的なやり方であるが、それが国民のみならず世界に大きな健康被害を与えることは明らかであろう。逆に言えば、研究の自由やその結果の発表が保障された民主主義体制の方が、国民の健康や生命を長期にわたり守る上で、より好ましい体制であることが分かる。

一般的に見て、独裁的な権力といえども、パンデミック時における国民管理には限界がある。強圧的な国民管理は権力への反発と不信だけでなく、管理から抜け出す人々を生み出すことになる。感染予防のためには、マスクの着用一つをとってもそうであるが、結局は自らの健康に配慮する各人の意思を信頼する以外にないのである。そしてそのような自由な意思を育てるのが、個人の権利が保障された民主主義体制であることを確認しておきたい。

〈参考文献〉

Ｓ・ハンチントン『文明の衝突』（集英社）
宇野重規『民主主義とは何か』（講談社現代新書）

F・フクヤマ『歴史の終わり』（三笠書房）
吉田徹『ポピュリズムを考える』（NHKブックス）
水島治郎『ポピュリズムとは何か』（中公新書）
M・ガブリエル・中島隆博『全体主義の克服』（集英社新書）
成田悠輔『二二世紀の民主主義』（SB新書）

第1章　なぜ民主主義は後退するのか

はじめに――中国の台頭とロシアの現状をどう見るか

　序章では、世界の多極化の中で生み出された、人権と民主主義を取り巻く新たな矛盾について論じたが、その中でわれわれがまず取り上げるべきは、多極化の第一要因とも言うべき権威主義的国家中国の台頭とその影響力の拡大である。中国は市場経済を取り入れることにより、共産党による一党支配体制を維持したままで、アメリカに次ぐ世界第二位の経済力を誇る大国へと変貌した。市場経済の導入はやがて中国においても、自由と民主主義を育てることが期待されたが、現在の権威主義的体制に大きな変化は見えない。それどころか共産党は、特に習近平体制になって以降、国民に対する監視と支配を強化しつつある。

　民主主義にとって懸念すべきもう一つの材料は、ロシアの現状である。二〇二二年二月に起きたロシアによるウクライナへの軍事侵攻は、民主化を進めたはずのロシアが、軍事的拡張主義の国家であることをわれわれに教えた。選挙は名ばかりで政権反対派の生命を簡単に奪う現在のロシアにおいて、民主主義がまともに機能していると思う人はいない。加えて地政学的事情が問題をより複雑にしている。中国とは異なり、いったんは民主主義を取り入れたかに見えるソ連の現状は、民主主義の将来にとってより深刻な事態である。

民主主義の形骸化はロシアだけではない。東欧における民主化の先導役であったハンガリーなどにおいても、政治体制の権威主義化が進んでいる。このような現状は、ハンチントン流の文明中心史観に根拠を与えているようにも思われる。

民主主義をどう定義するか——ＩＤＥＡのレポートから

そこでまず求められるのは、民主主義をめぐる問題を整理することである。というのは、中国とロシアの現状を同一視することはできないし、ましてアメリカのポピュリズムを民主主義の危機として、一括して語ることはできないからである。そのことは民主主義の現状に対する、理解の混乱を産むことになるであろう。

この点で参考になるのが、ストックホルムに本部を置く、政府間組織であるＩＤＥＡ（民主主義・選挙支援国際研究所）による、民主主義の後退に関するレポート（二〇二一年）である。まず参考にすべきは、そこで上げられている以下のような民主主義の五つの指標である。

①定期的選挙
②市民的自由
③政治参加

④熟議
⑤平等主義

これらの指標は、民主主義の制度的特徴を示すものであるが、これを妥当なものと考えるならば、「民主主義は欧米型に限られず、中国には中国型の民主主義がある」という中国当局の主張が受け入れらないことは明らかであろう。ところで重要なのは、この五つの指標だけでなく、IDEAが世界の政治体制を以下の三つの類型に分けている点である。

A　民主主義国（欧米諸国とインドや日本、韓国など九八カ国）
B　ハイブリッド型政権（ロシア、トルコ、モロッコなど二〇カ国）
C　権威主義的政権（中国、サウジアラビア、イランなど四七カ国）

この分類で重要なのは、民主主義と権威主義との中間形態として、ハイブリッド型政権が上げられている点である。このことにより、ロシアの政治形態（ハイブリッド型政権）と中国のそれ（権威主義的政権）との区別が可能となるだけでなく、民主主義の後退がハイブリッド型への移行を意味することが分かる。民主主義体制が、いきなり権威主義体制に変わることは考えにくいからである。

中国人は日本人より幸せか？――民主主義に優先する生活の安定と安全保障

以上の分類を踏まえた上で問題となるのは、なぜ権威主義的体制が成立するのか、またなぜ民主主義体制がハイブリッド型に後退するのかという点である。その要因は二つある。それは①生活の（不）安定化と、②ナショナリズムである。この二つこそ民主主義を歪め、後退させる最大の要因と言わねばならない。なお①については、開発独裁の問題に関連して序章で少し論じたが、この点をさらに詳しく見ていきたい。また②の問題ついては、次章で取り上げることとする。

そもそも民主主義制度は、それ自体が目的であるわけではない。国民主権に基づく民主主義が望ましい理由は、君主制や貴族制のような他の政治形態に比べ、それが構成員（国民）の自由を保障するだけでなく、生活を豊かにし、国の安全をより効果的に護るところにある。

仮に民主主義体制が国民の生活や安全を護ることができなければ、人々の自由や民主主義を求める意識は希薄となり、民主主義は後退することになろう。逆に国民の生活が向上し安全がより確実に護られるのであれば、国民はその体制を選ぶであろう。中国の現実がこのことを教えている。中国国民が権威主義的政治体制を受け入れている最大の要因は、市場経済化（開放政策）がもたらした生活の向上と、国民管理による治安の安定だからである。

『幸福な監視国家・中国』には、そのような中国の現状がよく描かれている。中国は監視国家として知られているが、監視体制を国民の多数が受け入れている。監視体制の強化により、殺人事件や日本では稀な子どもの誘拐事件、さらに交通事故などが劇的に減ったからである。筆者によれば、より幸福であることを求める人々の要求が、結果として監視と管理を強める方向に働いており、その点は先進国における未来像と本質的な違いはないと結論する。またそのような国の方向が正しいと考える人々は、九〇%を越えているという。

これを権力による洗脳の結果とだけ見ることはできない。特に民主主義を経験していない発展途上国の国民は、生活水準が向上している限り、権威主義的政治体制を受け入れる傾向が強い。独立後（一九六五年）のシンガポールもそのような国と考えてよい。この点は日本財団による、日本、アメリカ、中国、インドなどの若者（一八歳）を対象とした、以下の意識調査（二〇二二年）の結果からも分かる（ただ中国では現在、二四歳までの若者の失業率が二割を越えており、この数字をそのまま信じることは難しい）。

［質問項目］自分の国の将来が良くなると思う

①中　国　九五・七%
②インド　八三・一%
③アメリカ　三六・一%
④日　本　一三・九%

［質問項目］自分の行動で国や社会を変えられると思う

①インド　七八・九%
②中　国　七〇・九%
③アメリカ　五八・五%
④日　本　二六・九%

（宮本弘暁『五一のデータが明かす日本経済の構造』より）

特に民主主義の本質にかかわる後者の質問（自分の行動で国や社会を変えられると思う）への回答は、どちらが民主主義国なのかを疑わせる結果である。このようなデータから分かるのは、生活水準向上の現実が国の将来に期待を抱かせ、時には自由や民主主義を求める意識に優先するという事実である。

付け加えて言えば、調査結果に表れた日本の現状は目を覆うものがある。この数字から分かるのは、日本では膨大な数の引きこもりや自殺者が示す生きづらさが、人々から将来への希望だけでなく、政治への関心と期待を奪っているという現実である。

ロシア（ハイブリッド型民主主義）の現状をどう評価するか

以上のデータは逆に見れば、民主主義が生活の向上に貢献できない場合には、その基盤が揺らぐこと、すなわち権威主義的体制（ハイブリット型）に移行しやすくなることを教えている。ロシアやハンガリーにおける民主主義の後退がその一例である。

ソ連崩壊後の一〇年間は、ロシアにとって喪失と混乱の時期であった。現在のロシア国民を支配するのは、かつての混乱期に戻りたくないという意識である。権威主義的なプーチン政権に対する高い支持率の背景には、二〇年にわたるプーチン体制下での経済回復と生活の安定がある。この点はロシアの民主化に貢献したはずの、ゴルバチョフ元大統領（二〇二二年没）に対する国民の低い評価と対照的である。彼は東西冷戦を終結させ、民主化には貢献したが、ロシアに混乱をもたらしたからである。

個人的な体験であるが、わたしはソ連崩壊の直前（一九九一年）にモスクワ大学で開かれた世界哲学会に参加するために、ソ連を訪問したことがある。学会冒頭でゴルバチョフが挨拶したのであるが、彼の演説は気迫と自信に満ちたものであった。しかしモスクワをはじめ、ロシアの各地で見た光景は悲惨なものであった。老婆が夜の地下鉄の入り口で、生活費に換えるために電球を手にして立っていた姿を鮮明に記憶している。また治安も最悪で、日本から学会に参加した仲間が、早朝の散歩中に強盗に襲われたこともある。

しかし学会のツアーに同行したロシア人青年は、それでも「自由のないソ連体制には決して戻りたくない」と語っていた。その後の混乱で、恐らく多くのロシア人は、自由や民主主義も重要であるが、生活の安定が何よりも優先することを学んだのであろう。

〈参考文献〉

梶谷懐・高口康太『幸福な監視国家・中国』（ＮＨＫ出版新書）
宮本弘曉『五一のデータが明かす日本資本主義の構造』（ＰＨＰ新書）

補論1　人権と民主主義の関係を考える

人権と民主主義の違い

本書のテーマは人権と民主主義であるが、両者の関係や平等概念について論じてはいない。多くの人はそれらが密接に結びついていることは感じるであろうが、その正確な関係について問われれば、答えに窮するであろう。そこでこれからの議論の理解を進めるために、近代社会の基本理念を成す、これらの概念の関係（相互依存的側面と異なる側面）について改めて考えてみることとする。

ドイツの法学者のH・ケルゼンは、自由（権利）と平等は結びついており、この両概念の結合こそ民主主義の特色を成していると述べたが（『デモクラシーの本質と価値』）、ケルゼンが言うように、権利と平等と民主主義は切り離せない関係にある。本書では人間の平等については、あまり問題としていないが、平等は権利や民主主義の大前提であることを確認しておきたい。不平等な社会においては民主主義が成り立たず、また民主主義が無いところで自由（権利）が保障されることは難しいからである。

民主主義が人権の前提条件であるとしても、民主主義が個人の権利を必ず保障するわけではない。民主主義の運営において、しばしば個人や少数派の権利が侵害される場合があるが、それは権利保障の主旨と民主主義の目的とが異なるからである。そこでまず、人権と民主主義の基本的性格の違いについて考えてみたい。

その違いとは、人権が個人の生き方や考え方の自由を保障する概念であるのに対して、民主主義は国や自治体など集団のあり方と方向性を、多数決によって決める制度であるという点にある。多数決は民主主義を運営する上での基本原則であるが、それが個人や少数派の権利を侵害する場合があるのである。

人権と民主主義の違いは、それぞれの成立の歴史を見ても分かる。ギリシャのポリスを除けば、民主主義は近代国民国家の制度であり、国民国家の成立を前提としている。一方、人権の歴史は古く、国王の徴税権の制限を求めたイギリスのマグナカルタ（一二一五年）にまで遡ることができる。また近世においては、人々は信仰の自由を求めて闘った（一六世紀宗教改革）。これらは民主主義が確立するはるか以前のことであった。すなわち人権は民主主義の成立以前にも部分的に実現していたわけである。

人権と民主主義の関係を難しくしている要因は、民主主義の集団的性格である。集団（多数派）の意思は強く、しばしば少数派や個人の権利を制約し、時には侵害するからである。しかもそのことが「公共の福祉」の名によって正当化される場合がある。それだけに、人権は民主主義に先立って厳格に保障される必要があった。先進諸国の憲法において国の制度規定（国民主権に基づく議会制民主主義や三権分立など）に先立って、人々の権利が保障されているのはそのためである。参考までに、日本の憲法の人権規定を以下に示しておく。

憲法一一条（基本的人権の享有）

国民は、すべての基本的人権の享有を妨げられない。この憲法が国民に保障する基本的人権は、侵すことのできない永久の権利として、現在及び将来の国民に与えられる（傍点筆者）。

人権の保障は民主主義を実質化する

人権と民主主義の間に矛盾が存在するとしても、最初に述べたように、そのことは両者の本質的に、相互依存的な関係を否定するものではない。両者の対立的な関係が問題となるのは、人権と民主主義が置かれた時代状況によるところが大きいからである。第6章では、過度の競争と利益追求が支配する現代の資本主義体制においては、人権の個人主義的性格が強まり、そのような個人によって構成される民主主義の機能が歪められることを指摘した。

しかし第7章では、われわれが自己中心的な社会を克服し、人間の社会性を取り戻すことができれば、人権と民主主義のあり方は変わるであろうと述べた。ここでは、両者のより積極的な関係、すなわちすべての個人の権利が保障されることは、民主主義の成熟と社会の発展にとって重要な条件であることを明らかにしておきたい。それは以下のような理由からである。

人権の本来の目的は、すべての人格の尊厳を認め、個人の自由な自己決定を保障するところにある。J・Sミルはその条件として「他人の自由を侵さない限り」というやや消極的な理由を上げていたが（『自由論』）、実は個人の自由で個性的な活動は、社会の多様性を確保することにより、すべての個人が生きやすい社会の形成に貢献するものなのである。差別がなく、個人の自由な生き方が十分に保障された社会では、構成員は社会への帰属感を深め、画一的な社会を好む権威主義的な政治権力を警戒するだけでなく、多様性を許容する民主主義体制を強く支持することになる。実はミルの自由論の狙いはこの点にあった。

それだけではない。人々の個性的能力の発揮は、経済活動だけでなく、文化・芸術活動などを活性化させることになる。このように権利保障は、安易な多数決への依存を防ぎ、熟議の重視などによる民主主義の実質化の条件となっていることが分かる。結論的に言えば、権利保障は民主主義によって可能となるが、逆に、十分な権利保障は民主主義を実質化することになるのである。

〈参考文献〉

H・ケルゼン『デモクラシーの本質と価値』（岩波文庫）
J・S・ミル『自由論』（岩波文庫）

第2章　一国民主主義のワナ

はじめに――近代国民国家の二重性

第1章で論じた中国やロシアの現状は、民主主義に先立って生活や治安の安定が重要であるということをわれわれに教えている。それ故、生活状況が改善する場合には、人々は権威主義的体制を受け入れるということ、また逆に、生活の不安定化が進む場合には、民主主義体制が権威主義的体制に後退する危険性が高い、ということであった。

本章では、民主主義を後退させるもう一つの要因である、ナショナリズム（愛国心）の問題を取り上げようと思う。ロシアのウクライナ侵攻は、ナショナリズムの危険性を改めてわれわれに教えた。プーチン政権の軍事侵攻を支えているのは、ロシア国民のナショナリズムだからである。事実、二〇二四年の大統領選挙において、プーチン大統領は世界的批判を浴びながらも、これまでにない高い得票（九〇％近い）を得たと言われている。

民主主義とナショナリズムとの関係は簡単ではない。ナショナリズムは民主主義を後退させるだけではなく、民主主義がナショナリズムを育てる側面もある。というのは、ナショナリズムは近代国民国家を母体としているが、それは国民国家の政治体制である民主主義によって、より強化されるからである。

その理由として、民主主義の限界を上げねばならない。というのは、民主主義は普遍的な概念であるが、現実にはそれは国民国家という制度の中に組み込まれた存在であり、そのため民主主義の成員は国民に限定されたものだからである。このような民主主義の制約が、排他的、排外的ナショナリズムを育てることとなる。そしてこの排外的なナショナリズムが、時には人々を戦争に動員することになるわけである。

ところで、戦争状態においては個人の権利は護られず、民主主義が形骸化することは論を待たない。戦争遂行のためには、国民の自由な発言やそれを受け入れる民主主義は邪魔な存在になるからである。それ故、このような事態を避け、人権と民主主義を護るためには、人権と民主主義の国民国家的制約とその実態を理解しておくことが重要なのである。なお愛国心（国家により創り出された）と愛郷心（自然な感情に基づく）とは異なること、後者は民主主義の普遍化の障害にはならないことを付け加えておく。

人権と民主主義は誰のものか？　その国民国家的制約

① 約束事としての人権

ここで民主主義だけでなく、人権の国民国家的限界について改めて見ておこう。まず人権についてであるが、人権の国民国家的制約は、次のような事実が示している。普遍的であるべき人権に関わる国際条約は数多く存在しているが、その効力は国境の壁によって阻まれているのが現実である。特に日本は難民条約や国際人権規約などを批准しているにもかかわらず、入国管理政策はその主旨に大きく反しているのが実態である。

二〇二一年三月にスリランカの女性が、名古屋の入国管理施設で必要な医療措置を受けられずに亡くなったが、日本の入国管理施設における外国人の「不法」滞在者に対する扱いが人権侵害に止まらず、人道に反するものであることはよく知られている。そのため日本政府は国連から、入管施設の改善勧告を受けている（二〇二二年）。

なぜ人権保障が国境の壁によって阻まれるのであろうか。そこには島国としての日本の閉鎖性もあるが、権利の本質によるところが大きい。権利の本質というのはその規約的性格である。権利はアメリカの「独立宣言」やフランスの「人権宣言」にあるように、普遍的で生得的なものと謳われているが、ルソーが「権利は約束（convention）から生まれる」（『社会契約論』）と述べたように、現実には特定の政治的共同体、すなわち国民国家の約束事に他ならないのである。その点で、日本の憲法の第三章（権利規定）のタイトルが、「国民の権利及び義務」（傍点筆者）であったことを思い出す必要がある。それ故、政治的共同体の部外者（外国人）にとっては、権利は絵に描いた餅に過ぎないことになる。

この点をとらえて、ユダヤ人思想家のハンナ・アーレントは、人権の限界を次のように鋭く指摘している。権利は人為的な約束事としての法によって生じるものであり、人間に生得的な権利などありえない。政治的共同体から排除された人間は、無意味な自然人になり果ててしまう（『全体主義の起源』二帝国主義、五章）。これはナチスによる迫害を経験したユダヤ人の悲壮な声であるが、日本の入管施設に収容された現在の外国人の声でもあるだろう。

この点に付け加えて言えば、ユダヤ人が自らの国家建設（イスラエル共和国、一九四八年）を急いだのは、国際的人権概念によって保護されるよりも、国民としての権利を重視したからに他ならない。

②　民主主義の排他性

国民国家的制約は、民主主義の場合にはより明確である。民主主義は政治的共同体としての国家のあり方とその方向性を決める制度であるが、その成員（国民）でない人間は、そのような決定から排除されるからである。事実、日本では特別永住権を持つ在日コリアンに対して、地方参政権さえ認められていない。民主主義の持つこのような排他的性格は、ギリシャ・ポリスの時代からの固有の性格と考えてよい。

この点は日本の憲法においても明確である。参政権を規定した憲法一五条（公務員の選定罷免権）には、「公務員を選定し、及びこれを罷免することは、国民固有の権利である」（傍点筆者）と書かれている。なおこの点は人権規定においても同様であった。そもそも憲法が象徴天皇制のような、日本固有の前近代的遺制を残していることが、日本の民主主義の国民国家的制約を示している。

ところで民主主義制度の排他的性格は、皮肉ではあるが、アメリカのような自由主義的な民主主義体制よりも、社会民主主義的な福祉国家においてより強まると考えてよい。福祉国家は国民の生存権保障にとってはより進んだ体制ではあるが、再分配のための福祉の原資が限られているため、外国人（移民）にとっては参入の壁が高いからである。この点は近年における北欧の福祉国家における、排外主義的政治勢力の増大に現れている。

それだけでなく、スウェーデンでは富の再配分を受ける国民を減らすために、障害者の強制的な断種手術が一九七五年まで行われていた。ナチスは民族の「浄化」のためにユダヤ人だけでなく障害者を抹殺したが、同じことをスウェーデンは福祉の原資を確保するために行ってきたのである。この問題については、第７章で改めて取り上げる予定である。

民主主義は戦争を準備する？

これまで人権と民主主義の国民国家的限界についてみてきたが、次に国民国家がどのようにしてナショナリズムを育てたのか、その歴史的経緯について、フランスと日本を例に考えてみよう。

フランスにおける市民革命は、君主制に代えて平等な市民からなる共和制を築いたが、同時に革命の防衛のための国民軍を組織（徴兵）することにより、国民意識を生み出した。軍隊が傭兵からなる身分制の時代には、国防意識の前提となる国民意識は存在しなかったのである。さらに義務教育による文化的統一は国民意識の形成を促進し、また選挙権の国民への付与は、政治への参加を通して国家への帰属心と忠誠心を育てることになった。このようにして形成されたナショナリズムは、A・ゲルナーの言うように（『民族とナショナリズム』）、身分制に基づく不平等な「共同体」においては存在しなかった、体制への「自由な愛着」を生み出したのである。

この点は日本の歴史においても確認できるところである。日本における国民意識の形成は、明治初期における義務教育や徴兵制から始まるが、その攻撃性は日露戦争の講和条約（ポーツマス条約）に反対する民衆の暴動（日比谷焼き討ち事件、一九〇五年・明治三八年）において明確に現れる。また成人男性への普通選挙権の付与（一九二五年・大正一四年）など、大正デモクラシー期における一定の民主化も、国民統合を促進する役割を果たした。というのは、この時期には国体意識は国民の間に広く浸透しており、労働運動だけでなく水平社による部落差別反対運動なども、国体論的ナショナリズムに強く支配されていたと見られるからである。このようにして形成された国民的一体感こそ、国民全体を帝国主義戦争に駆り立てる精神的要因となったのである。

以上のことから分かるのは、ナショナリズムを育てた近代国民国家と民主主義そして帝国主義の三者は、切り離せない関係にあるという事実である。この点はアメリカの戦後の歴史を見ても分かるであろう。

以上の考察は一つの疑問を生み出すことになる。それは中国におけるナショナリズムの理解に関わる疑問、すなわち人権保障や民主主義を欠いた中国のような権威主義的国家では、体制に対する国民の自由な愛着が生まれることはなく、それ故、中国にはナショナリズムは存在しないのではないかというものである。これはもっともな疑問である。これまでの分析を踏まえるならば、中国には少なくとも先進民主主義諸国におけるのと同種のナショナリズムは存在しないと、考えてよい。それ故、中国の現在の政権を支持する国民の意識は、先進諸国におけるものとは異なると考えてよいであろう。

なお国民国家とナショナリズムの関係については、拙著『グローバル・ガバナンスの時代へ』、特に第三章「ナショナリズムと国民統合」を参考にしていただければ幸いである。

付言すれば、先進諸国における現代のナショナリズムは、国家間の対立を煽るのではなく、雇用の流動化やそれを促進するグローバル化に対する、主として国内の中間勤労者層の反発を要因としている。イギリスのＥＵ離脱（二〇二一年）はその結果である。国内の矛盾を反映した、この種のナショナリズムを不安型ナショナリズムと呼ぶ論者もいるが、従来型ナショナリズムの現代的変形版と見ることができる。われわれが注意すべきは、そのような大衆心理を利用し、民主主義を歪める政治家（ポピュリスト）の存在である。これらの点については、第4章と第5章で改めて論じることとする。

一国民主主義からの解放

人権と民主主義体制は独裁体制とは異なり、国民の福利を増大させると同時に、他国との友好な関係を築く体制であったはずである。それ故、人権と民主主義を本来の姿に戻すには、これを国民国家（ナショナリズム）のくびきから解放する必要がある。そのためには二つの方法がある。一つは国内民主主義の成熟であり（この点は後の第6章で論じる）、もう一つは民主主義の国際的拡大である。仮に人権や民主主義が世界的レベルで保障されるならば、国家間の紛争は過去のものとなるであろう。それは遠い将来の話に聞こえるかもしれない。国連の限界は周知の通りだからである。それでも戦前の国際連盟とは異なり、国連は「世界人権宣言」（一九四八年）にあるように、人権保障を柱として設立されたのである。

この点は人権重視の国連の活動に現れている。国際人権規約（一九七六年発効）や一九八〇年代以降に採択された各種の人権条約（女性差別撤廃条約、子どもの権利条約、障害者権利条約など）は、批准各国に定期的な報告義務を課しているが、そのことは各国の人権政策に対して圧力を加える形になっている（すでに述べたように、日本がこの点で遅れていることは否定できない）。また国際司法裁判所（一九四五年〜）やICC・国際刑事裁判所（二〇〇三年〜）の存在は、戦争行為に対する一定の歯止めとなっている。現にICCが、イスラエル軍の無差別攻撃の対象となったガザの病院などを対象に調査を始めた、というニュースがあったが、これがイスラエルのネタニヤフ政権に対する大きなプレッシャーとなることは間違いないであろう。

加えて無視できないのは、国連の人権政策を支えてきた、アムネスティのような国際人権NGOの活動である。民主主義だけでなく人権についても、国内外の市民社会の活動によって、より現実化が進むことになる。市民社会は国家を超える存在だからである。

ところで民主主義や人権は、一気に世界的に実現するわけではない。それはまず地域の連携を通して実現していくものである。その点で注目すべきは、地域レベルでは国家間の戦争を避け、平和を護る新たな秩序が生まれているという事実である。具体的には、すでにその前身を含め結成後、半世紀以上が経過したＥＵ（二七ヶ国）やＡＳＥＡＮ（一〇ヶ国）などの政治的・経済的共同体であるが、これらの加盟国の間で、戦争が起きることはもはや考えられない。このように、一国民主主義のワナから抜け出す道は、着実に準備されつつあると考えてよい。

〈参考文献〉

ルソー『社会契約論』（岩波文庫）

Ｈ・アーレント『全体主義の起源』（みすず書房）

Ｍ・イグナティエフ『人権の政治学』（風行社）

Ａ・ゲルナー『民族とナショナリズム』（岩波書店）

筒井清忠『戦前日本のポピュリズム』（中公新書）

碓井敏正『グローバル・ガバナンスの時代へ』（大月書店）

高原基彰『不安型ナショナリズムの時代』（洋泉社）

筒井清輝『人権と国家』（岩波新書）

第3章　間接民主主義の矛盾

はじめに——間接民主主義と参加

近代民主主義は、第2章で述べた国民国家による制約とは異なる、深刻な制度上の矛盾を抱えている。それは政治的決定が主権者によって直接的にではなく、その代表者（議員）によってなされること、すなわち間接民主主義の問題である。

ルソーが『社会契約論』の中で、「イギリス人が自由であるのは選挙の間だけであり、選挙が終われば彼らは奴隷になる」と述べ、代議制民主主義を批判したことはよく知られている。民主主義が国民国家という大きな単位で成立している現状では、間接民主主義はやむを得ないように思われるが、民主主義の間接化がその形骸化を招く点に注意が必要である。本章では、間接民主主義が政党・政治家の支配をもたらすことによって政治を変質させ、民主主義を形骸化させる矛盾を明らかにし、それを解決する方法について考えることとする。

その点で強調すべきは、市民の政治参加とその条件としての市民社会の成熟である。この問題については補論でも論じたところである。

間接民主主義と政党・政治家の支配

まず間接民主主義の実態を明らかにしておこう。リンカーンはかつて、南北戦争時におけるゲティスバーグの演説（一八六三年）において、民主主義の原則を「人民の、人民による、人民のための政治」と述べたが、「人民による」という部分は、現実には人民の代表者すなわち議員（政治的エリート）による政治なのである。

民主主義の間接性は、日本の憲法においても明確に規定されている。前文の冒頭には「日本国民は、正当に選挙された国会における代表者を通じて行動し……」（傍点筆者）とあり、またその後にも「……その権力は国民の代表者がこれを行使し、その福利は国民がこれを享受する」（傍点筆者）と書かれている。先進各国の憲法を見ても、これだけ明確に民主主義の間接性を強調している例は珍しい。因みにフランスやイタリアの憲法では、一定の事項については、条件を満たせば人民投票にかける条文が盛り込まれている。

しかし民主主義の間接的形態すなわち代議制民主主義が、一般市民からの政治的エリート（議員）の乖離と民主主義の形骸化を生むことは、日本の現状を見るまでもなく明らかである。その理由はどこにあるのであろうか。第一の理由は、政党・政治家が特定の主義主張にこだわり、国民多数の意思からかけ離れるところにある。

日本の政治的現実がそのよい例である。選択的夫婦別姓制度や同性婚、さらに女性天皇などを見れば分かるように、国民の多数は賛成しているにもかかわらず、政権党の自民党は頑なにこれを認めようとしない。その理由は自民党の主流をなす保守派が、前時代的な家父長的家族観に固執しているところにある。この事実は権力を託された政治的エリートが、国民の考えよりも自らのイデオロギーを優先することを教えている。

政党組織の論理

政党による間接民主主義の矛盾として次に上げるべきは、政党組織を支配する組織固有の論理である。組織固有の論理とは、簡単に言えば、組織はいったん成立すると当初の目的を忘れ、組織の維持を自己目的化するという傾向である。これは時代を越えてあらゆる組織に該当する重要な傾向であるが、特に官僚化が進んだ大きな組織は、そのような傾向に捕らわれやすい。企業をはじめ一般の組織であれば、このような傾向が国民に害を与えることは少ないであろう。しかし権力を行使する政党組織の場合、とりわけ特定のイデオロギーを有する政党の場合には、国の方向を誤らせる点で警戒する必要がある。

この問題を考える上で参考になるのが、R・ミヘルスによる政党組織の研究である。彼の研究は一〇〇年以上前のドイツ社会民主党を対象としたものであるが（『現代民主主義における政党の社会学』Ⅰ、Ⅱ）、政党組織がどのようにして国民の意思から離れていくのか、という問題を理解する上で大変参考になる。

彼によれば、組織の維持という現実的利害はすべてに優先する。そのため、みずからが代表する、労働者階級の利益を裏切ることも辞さないという。加えてこのような傾向は、組織の指導層による寡頭支配によって強化される。指導層は組織の利害と強く結びついているからである。

寡頭制についてミヘルスは、少数者が多数者を支配するのは政治の本質であり、それ故、人類の多数者の自治は永遠に不可能であると述べている。やや悲観的な見解ではあるが、組織の矛盾を指摘したものとして無視できないものがある。

政党が組織固有の論理に支配されることは、政党が民意から離れていくことを意味するだけでなく、政党の衰退を招くことになる。それを避けるには、政党がこのような組織の矛盾を理解した上で、民意に沿うような組織改革を工夫する必要がある。例えば、党のトップ（党首）や幹部を、一般党員による民主的な選挙によって選ぶことは、組織の寡頭支配を防ぐために検討されるべき一つの方法であろう。党員は幹部に比べ、国民に近い所にいるからである。

このような改革は、自己正当化の傾向が強いイデオロギー政党には受け入れがたいかもしれない。しかし自己改革の努力は、政党の衰退を避けるだけでなく、民主主義の形骸化を防ぐことにもつながるのである。なお付け加えて言えば、政党に比べ、一般企業はより改革志向的にならざるを得ない。市場（消費者）の動向が企業の存続に直接的な影響を与えるからである。なお組織の矛盾については、第6章でも取り上げる予定である。

民意を反映しない選挙制度

間接民主主義の矛盾をさらに拡大するのが、選挙制度である。「選挙制度は民主主義の根幹である」と言われているが、日本の選挙制度の中心を成す小選挙区制は多くの死票を生むため、民意の反映の点で問題が大きい。この間の日本の投票率の低さもこの制度と関連していると思われる。このような選挙制度によって成立した政府は、その民主的正当性を疑われても仕方がないであろう。

因みに二〇二一年に行われた衆議院選挙の小選挙区について見ると、自民党の得票率は四八・一％であるにもかかわらず、議席占有率は六五・四％である。しかし対有権者数でみると、投票率が五五・九％であるから、有権者のほぼ四人に一人に過ぎない得票で自民党は三分の二に近い議席を獲得し、保守イデオロギーによる反国民的政治を行っているのである。

仮にすべての議席が比例で選ばれるならば、自民党は半分の議席も得られないのである。「日本の代表制民主主義を信頼しているか」という、ある調査機関の問いに対して、「信頼している」と答えた人は三二・五％に過ぎず、三分の一にも達しなかったという。小選挙区制に代えて、民意を正確に反映する完全比例代表制を導入すれば、投票率は上昇し、国民の政治への関心と信頼度は高まるであろう。参考までに、完全比例代表制を採用している北欧諸国の投票率を次に示しておく。

〈北欧諸国の国政選挙の投票率〉

スウェーデン　八七・二％　（二〇一八年）

デンマーク　八四・六％（二〇一九年）
ノルウェー　七七・二％（二〇二一年）

小選挙区制は民意を反映しないだけではない。それは必然的に二大政党制に導くことにより、政党間の対立を煽ることになりやすい。逆に比例代表制は、政党間の調整に基づく多数派の形成が重視されることにより、コンセンサス型の政治と結びつくことになる。この点は完全小選挙区制のイギリスと、比例代表を中心とするドイツの政治との違いとして現れている。このように、選挙制度は民意の反映だけではなく、政党政治のあり方を変える点でも重要なのである。

参加の重視

さてそれでは、間接民主主義（議会制民主主義）がはらむ本質的矛盾を解決するために、どのような方策が考えられるのであろうか。この点を問題とする前に、議会制民主主義の肯定的側面を理解しておかねばならない。そのことは直接民主主義の絶対化を避ける上でも必要だからである。

複雑化した現代の法治国家において、多様な国民の意思を政治に反映させることは容易ではない。それを調整・統合して政策としてまとめ、国の行政に結び付けていくためには、専門家の知恵と能力が求められることになる。その点で政党・政治家さらに行政官僚の役割は大きい。逆に国民の意見を絶対化し、それをそのまま政治に反映させようとすることは、ポピュリズムなどの衆愚政治に陥る危険がある。

この点を確認した上でわれわれが考えるべきことは、すでに論じたように、組織固有の論理に支配されることにより、民意から離れる政党政治を国民の側に引き戻すことである。そのために各レベルで様々な方法により、政治とのパイプを確保することが求められる。具体的には住民運動や市民運動を重視すること、またＳＮＳなど社会の情報化を活用することなどにより、政治参加を強化することが重要であろう。このようにして、参加と議会における熟議とを接合することが、間接民主主義の矛盾を緩和するために求められているのである。

政治参加が容易でないことは言うまでもないが、最後に、近年この点で参考となる傾向に触れておきたい。スペインのバルセロナをはじめヨーロッパの各都市で、新自由主義的政策による民主主義の空洞化に対抗して、自治体の住民が地域の公共財を護るために、民主主義の主体的担い手になろうとする傾向（自治体主義・ミュニシパリズムと呼ばれる）が生まれている。

これらの動きは民主主義の原点に戻ろうとするものであり、民主主義の再生と活性化に貢献することが期待される。これらの点については、補論でより詳しく論じることとする。

〈参考文献〉

野中郁次郎他『失敗の本質―日本軍の組織論的研究』（中公文庫）

Ｒ・ミヘルス『現代民主主義における政党の社会学』Ⅰ・Ⅱ（木鐸社）

碓井敏正『成熟社会における組織と人間』（花伝社）

中北浩爾『現代日本の政党デモクラシー』（岩波新書）

補論2　参加と民主主義

グローバル化と地方自治

本章では選挙制度（特に小選挙区制）の矛盾などにより、間接民主主義が民意を正確に反映しない場合があること、また政治的エリート（議員）が国民の意思よりも自らの利益やイデオロギーを追求することにより、その矛盾が拡大することを論じた。

これらの問題を解決するには、何よりも主権者である市民の政治への関わりを強めることが求められる。もともと「優れた代表者」に政治を任せることは、古代アテネにおいては貴族制と考えられていたように、民主主義の真の姿とは異なると考えるべきなのである。それだけ政治参加は、民主主義にとって重要なテーマなのである。

そこで改めて、民主主義における市民の政治参加の意義を明らかにしておきたい。アリストテレスは市民の条件として政治と裁判への参加を上げたが（『政治学』）、公共的業務への参加こそ、民主主義の基本精神なのである。日本では裁判員制度（二〇〇九年～）により、裁判への市民参加が部分的に実現しているが、国政への直接的参加は憲法上の制約もあり、容易ではない状態にある。

その点で参加の可能性が高いのが、地方政治である。地方自治や自治体という言葉にもあるように、地方政治は住民自らが担うことを基本精神としているからである。

「地方自治は民主主義の学校である」（『アメリカのデモクラシー』）と述べたフランスの貴族、A・トクヴィルは、民主主義的精神が地方自治によって育まれること、また地方自治は、中央集権的民主主義の専制化を抑制する上で重要な役割を担っていることを、アメリカの現実からつぶさに学んだ。しかしグローバル化による民主主義の空洞化が進む現代において、地方自治がその役割を果たすことができるのであろうか。実はグローバル化の進展こそ、地方自治の必要性を人々に教えているのである。というのは、新自由主義政策に基づく性急なグローバル化は、公共財（水道や電気、教育施設など）のあり方を歪め、また福祉水準を引き下げることによって、地域の人々の生活を窮地に追い込んでいるからである。

このような現実が地域の本来有する自治能力を刺激し、地域における新たな運動を生みだすことになる。その意味で、地域こそ経済（資本）優先のグローバル化への身近な対抗軸が生まれる場、すなわち民主主義の再生の場なのである。

対抗的、参加型実践

注目すべきは、このような状況において、これまでにない参加型の実践が生まれている、という事実である。それは本章でも少し触れた、ミュニシパリズム（地域主義）と呼ばれる、ヨーロッパにおける草の根の改革運動である。その特徴は国に対する従来型の要求運動という域を超えて、市民が政治の主人公として行動するところにある。その目的はＥＵによる画一的緊縮政策や福祉水準の切り下げなどに反対し、自治体の公共的役割を取り戻すところにある。具体的には、水道や住宅、教育施設などの拡充を図ることにより、過度の競争経済によって生じた格差から、市民や社会的弱者の生活を護ることである。

この運動の背景には、既存の左翼勢力への不信や、反移民を唱える右翼勢力台頭への危機感がある。運動は二〇一五年頃にスペインのバルセロナから始まり、その後グルノーブル（フランス）やナポリ（イタリア）、アムステルダム（オランダ）などヨーロッパの主要都市に広がり、ネットワークを形成している。特にこの運動において注目すべきは、従来型民主主義とは異なり、市民参加による直接民主主義を実現しようとする点である。例えば、市の政策立案を市民自身が行う、あるいは市会議員の候補者を一般市民の中から抽選で選ぶ、というやり方である。これは古代アテネの直接民主主義の精神を、現代において復活させようとするもの、と言うことができる。

このような動きは、地方自治の精神を具体化するものであり、決して特殊なものと言うべきではない。日本においても地方分権一括法の施行（二〇〇〇年）もあり、不十分ではあるが、地方への権限や財源の移譲を柱とする地方分権改革が進められている。行政学の原則に補完性の原理（政治的決定は出来るだけ小さな単位で行い、それが可能でない場合にのみ、より大きな単位で行う）があるが、地方分権化は国と地方との関係を本来の姿に戻すことを意味しているのである。

そのような中で近年、日本でも一部の自治体で新たな動きが現れている。それは無作為に選ばれた市民が、地域の問題や環境問題などについて議論し、自治体に提言を行う動きである。中にはその提言を条例化した自治体（長岡京市）もある。もともと地方自治法（七四条）では、市民自身が作成した条例を制定する権利が認められている。いわゆる市民立法であるが、地方自治の本旨からすれば、このような動きは当然のあり方と言わねばならない。

ところで国政に話を戻せば、参加は個人による直接的な形に限られない。政党とは距離をおいた市民連合などによる政治への影響力の行使も重要な参加の形態である。現実に現在の日本でも、野党共闘の媒介役あるいは主役として大きな役割を果たしている。それはすでに本章で述べたような、政党が有する組織固有の論理を緩和し、その行動を制約することにより、政治を市民の側に引き戻す意味がある。

なお念のために付け加えるならば、参加は強制的なものであってはならず、離脱と一体のものでなければならない。参加は義務ではなく権利だからである。また参加は自由な市民を主体としなければならない。特に企業主義的風土の強かった日本では、政治への「参加」は業界の利益実現と結びついていたが、参加は特定の利益のためではなく、公共的利益のためでなければならないからである。

〈参考文献〉

アリストテレス『政治学』（岩波文庫）
Ａ・トクヴィル『アメリカのデモクラシー』（岩波文庫）
Ｃ・Ｂ・マクファーソン『現代世界の民主主義』（岩波新書）
佐々木寛『市民政治の育て方』（大月書店）

第4章　民主主義を取り巻く社会的矛盾

はじめに――貧困と格差の拡大

前章では、間接民主主義や選挙制度また政党組織の矛盾などについて論じた。これらは民主主義の制度上の問題と考えることができる。本章では少し視点を変えて、権利と民主主義を形骸化させている現実的、社会的要因について論じることとする。この問題は第1章で述べたことと関係している。そこでの結論は、権利と民主主義を維持するためには、経済状態をはじめ国民生活が安定した状態にあることが条件であり、そのような条件を欠く場合には、国民は民主主義よりも権威主義的体制を選ぶ危険があるということであった。

この点で先進各国の国民生活は、民主主義を危うくするような様々な矛盾を抱えている。とりわけ問題なのは、貧困と格差の拡大である。貧困状態は人々から権利実現の機会を奪い、また大きな格差は共通の価値観に基づいた議論を困難にする。このような状態が民主主義の障害となるわけである。経済的不平等の矛盾について、イギリスの政治学者でありまた労働党の議員でもあった、H・J・ラスキは、すでに八〇年近く前に次のように述べていた。

「大なる経済的不平等は、社会における利害の一致と矛盾する。つまり、市民が同一の理想達成に向って進みうるための共通基盤が存しないのである。・・・異なった生活をするものは、異なった考え方をする。しかしそれに止まらない。本質的にいって、非常に異なった生活をする人々は、敵対的な考え方をするのである」（『近代国家における自由』）。

ラスキが言うように、民主主義が正常に機能するには、ある程度の国民的同質性と生活状況の平等が求められるのである。これらの条件はすでに論じたように、ナショナリズムを生むことになるが、同時に民主主義が機能する前提でもある。まったく生活状況や価値観の異なる者の間では、意味のある政治的議論は難しく、それ故、「民主的」決定が全体の合意となることはない。その点ではアメリカのように、多人種から構成されており、価値観の対立（キリスト教右派とリベラル派）と経済格差の激しい国は、民主主義を実質化することが大変難しいと言うことができる。

ジニ係数が示す国民的分断の現状

ところで、社会の分断をもたらす経済的不平等は、どのようにして把握することができるのであろうか。それをジニ係数（一から〇で表示）と呼ばれる数値で表すようにしたのが、イタリアの統計学者コンラッド・ジニである（一九三六年）、具体的に言えば、一はすべての所得を一人が独占している状態を表し、逆に〇は所得が完全に平等に分配されている状態を表している。それ故、ジニ係数が一に近づくほど、不平等度が高まるということになる。

なおジニ係数には、「当初所得ジニ係数」と「再分配所得ジニ係数」の二つがある。前者は税金

図２　再分配所得ジニの推移

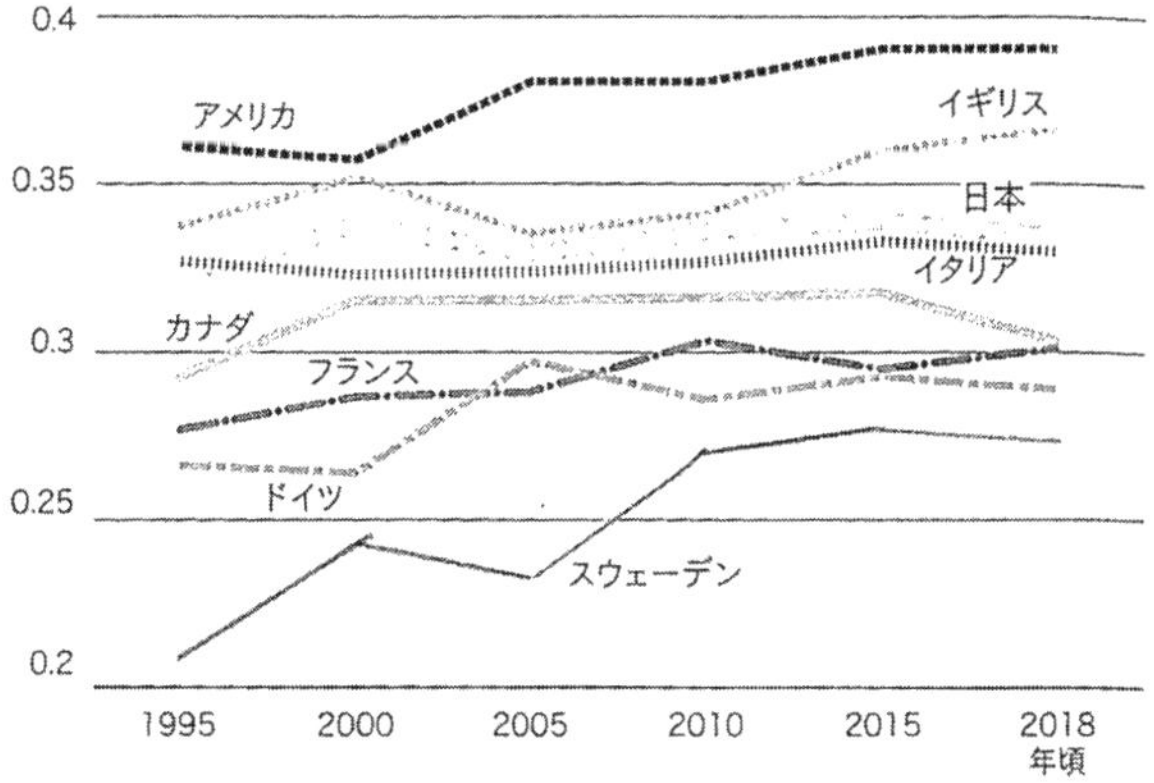

出所：ＯＥＣＤ

や保険料が引かれる以前のものであり、後者は社会保障関連費などの支給後のジニ係数であるが、問題となるのは後者のジニ係数である。両者のジニ係数の差は、国家による富の再分配の度合い、すなわち国家が国民の平等化のために、どれだけ役割を果たしているのかを表している。

先進国でジニ係数が高いのが、アメリカであることはよく知られている。図にあるように近年上昇を続け、二〇二一年は〇・五に近い水準にある。日本は〇・四弱で、主要国ではアメリカに次ぐ高さとなっている。一般的に見ると、開発途上国よりも先進国の方がジニ係数は低いが、先進国について見ると、アメリカやイギリスなどアングロサクソン系の国は、社会保障制度（再分配政策）が整備されているヨーロッパ諸国（〇・三以下）に比べると、ジニ係数は高くなっている。

付け加えて言えば、アングロサクソン系の国においては、アメリカがその典型であるが、資本の利益が最優先されるため勤労者の雇用が不安定化し、格差が拡大する傾向がある。また政府の経済活動への介入を嫌い、小さな政府を指向する点で共通している。このような資本主義のタイプは、アングロサクソン型資本主義と呼ばれている。

ところで主要国でもっともジニ係数が高いのが、BRICSの一員である南アフリカ共和国であり、〇・六を越えている。〇・六を越えると治安の維持が困難になるという見方があるが、同国における殺人事件は年間二万件ほど起きている。これはアメリカと似た数字であるが、人口比で見ればアメリカの五倍以上に当たる。その背景にはかってのアパルトヘイト、すなわち人種問題があると言われている。南アフリカ共和国は大統領制による民主主義国家ではあるが、人種差別による格差の構造化は治安の悪化を生み、民主主義の実質化を阻んでいるのである。この点はアメリカについても言えることである。

これらのことは、民主主義が機能する前提条件として、所得の平等化と同時に人種差別はもちろん、雇用や教育における構造化された格差を無くしていくことが重要であることを教えている。

深刻化する格差

日本はアメリカや南アフリカとは異なり、比較的同質的で基本的価値観において、大きな対立がない国と見てよい。しかし九〇年代初頭のバブル崩壊以降、貧困と格差が拡大してきており、そのため中間層が減少し、国民的分断が進んでいる。また日本の貧困率（家計所得の中央値の半分以下）

図３　非正規雇用者数とシェアの推移

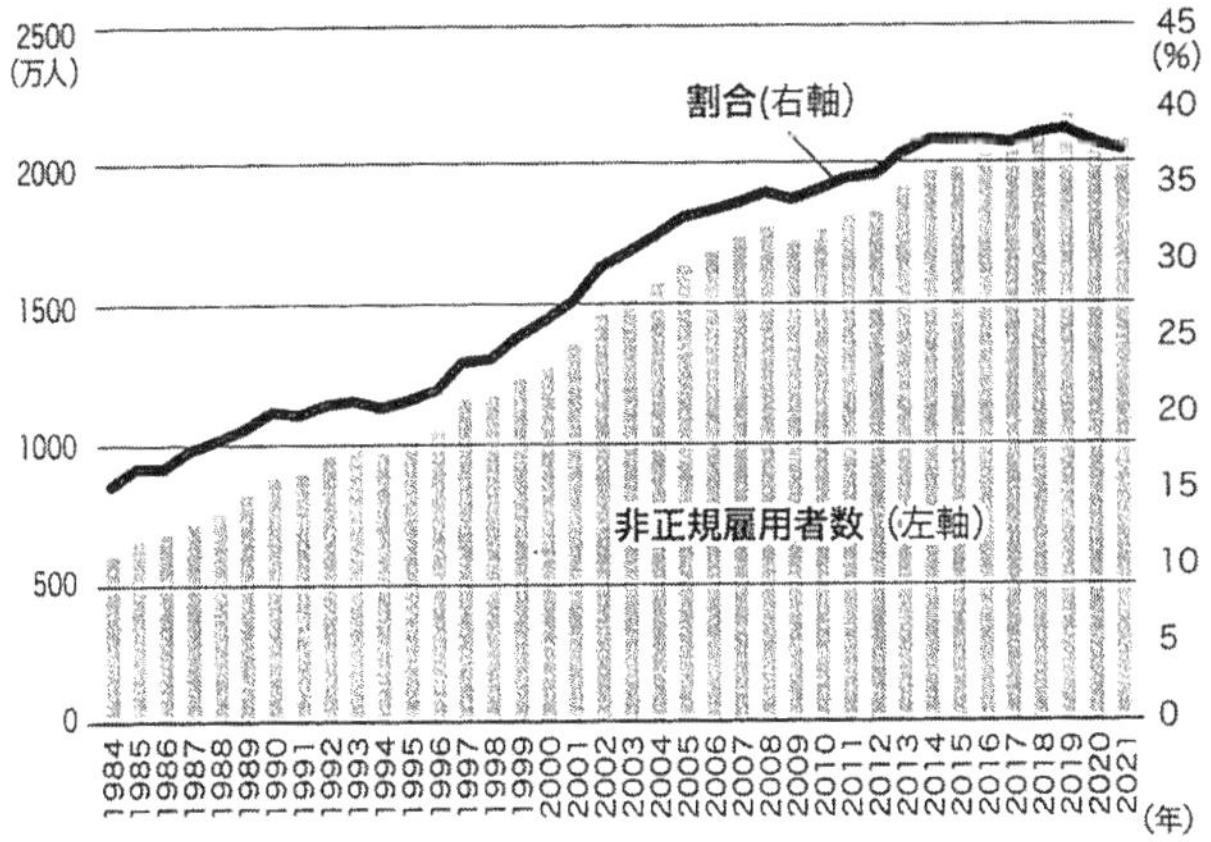

出所：総務省「労働力調査」

も上昇（一五％超）しており、日本は明らかに格差分断社会に向かっていると考えてよい。

その要因として上げられるのが、近年の自公政府による新自由主義的政策である。具体的に言えば、図に示したような非正規雇用の拡大など雇用を不安定化させる労働法の改悪、また年金や生活保護費などの社会保障費の切り下げが、すでに見たようにジニ係数と貧困率を上げているのである。この傾向は特に、郵政民営化を主導した小泉純一郎政権（二〇〇一～二〇〇六年）以降、日本がアングロサクソン型資本主義の道を歩むようになった結果、強まることになった。特にT・ピケティが明らかにしたように（『二一世紀の資本』）、労働による収益を資産運用による収益が上回る資本主義の現状は、格差問題をより深刻なものにしている。

加えて日本では、少子高齢化による高齢者層の貧困化、さらに女性の地位の低さもあり、シングルマザーの貧困などが深刻である。生活保護の受給者の半数以上は高齢世帯であり、またシングルマザーの貧困率は五〇％を越えている。加えて、ここ三〇年以上にわたる経済不振の下で続く低賃金、さらに最近のウクライナ紛争や円安による物価高によって、国民の生活は困窮度を増している。

このような状況を反映して近年、上級国民、下級国民といった言葉まで生まれた。かつての一億総中流の時代には考えられなかったことである。注意すべきは、経済的格差（所得や雇用、資産）は生活水準の格差を生み出すだけでなく、教育格差や健康格差さらに人間関係格差など各種格差の要因にもなっているという事実である。なお人間関係格差とは、貧困層ほど人との交流やつながりが弱くなる、という傾向を意味している。このことが生み出す矛盾については、次章で取り上げることとする。

格差が一世代の問題にとどまるのであれば、事はそれほど深刻でないかもしれない。問題なのは、経済格差が固定化し、教育を通して世代にわたり格差が継承されることである。戦後の経済成長期においては、家庭が貧しくても子どもが学歴を獲得し、親よりも収入の高い職業に就くケースが多かった。教育格差はその可能性を断つことになる。そのため最近では、どのような家庭に生まれるかによって、子どもの人生が決まるという意味で、「親ガチャ」といった言葉まで生まれている。

事実、家庭の所得水準による子どもの高等教育への進学率の違いは明確であり、また高等教育を受けた子どもの就職後の所得は、そうでない子どもに比べ高くなっている。そのことが次の世代にも引き継がれることにより、教育を媒介とする格差が世代にわたって継承されることになる。このような現実の背景には教育費の高額化がある。

加えてフランスの社会学者、Ｐ・ブルデューが明らかにしたように、所得以外の家庭の文化的環境が、子どもの将来に影響を与えることにも注意しなければならない。

そう考えると、教育格差による階層の固定化、社会の分断は多くの若者から将来の夢を奪うだけでなく、日本の民主主義にも深刻な影響を与えていることが分かる。

〈参考文献〉

Ｈ・Ｊ・ラスキ『近代国家における自由』（岩波文庫）
Ｔ・ピケティ『二一世紀の資本』（みすず書房）
橘玲『上級国民／下級国民』（小学館新書）
橘木俊詔『格差社会』（岩波新書）
同『日本の教育格差』（岩波新書）

第5章　格差が生む社会病理とその克服

はじめに――人間関係格差とは

これまで見てきたように、ひどい経済格差（不平等）は民主主義を機能不全にするが、それだけでなく、経済格差は人間関係のあり方にも悪しき影響を与えている。すなわち所得の低い層ほど人とのつながりが希薄であるという点にも注意が必要である。これを人間関係格差と呼ぶが、人間関係格差はひきこもりや自殺など、各種の社会病理の要因にもなっている。人間が社会的存在である限り、社会からの孤立は人間の精神に悪い影響を与えざるを得ないからである。

人間関係は職場や家族の中で形成されるが、特に非正規雇用者は低賃金（年収二〇〇万前後）であるだけでなく、雇用が不安定のため希薄な人間関係に苦しむ傾向が強い。また結婚の機会に恵まれない場合が多く、そのため将来に希望を持てず、精神を病むことがある。アンダークラスの人々がいかに厳しい精神状態に置かれているかは、以下のグラフ（次頁）から分かる。

人間関係格差が生む社会病理

このような精神状態においては、人は異常な行動に走る場合がある。この種の事件としてよく知られているのが、七人が犠牲となった秋葉原の大量殺傷事件（二〇〇八年）である。犯人は派遣切りにあい、将来への絶望と孤立感から世間に恨みを抱き、凶行に及んだのであるが、彼が雇用を保障された正社員であれば、このような事件は起きなかったはずである。そう考えるならば、この事件は犯人の個人的性格によるというよりは、格差社会が引き起こしたものと考えるべきであろう。参考までに、ここ数年の間に起きた

図４　アンダークラスとその他の階級の抑うつ傾向

（項目別・男性・20-59 歳）

(1) 絶望的な気持ちになることがある

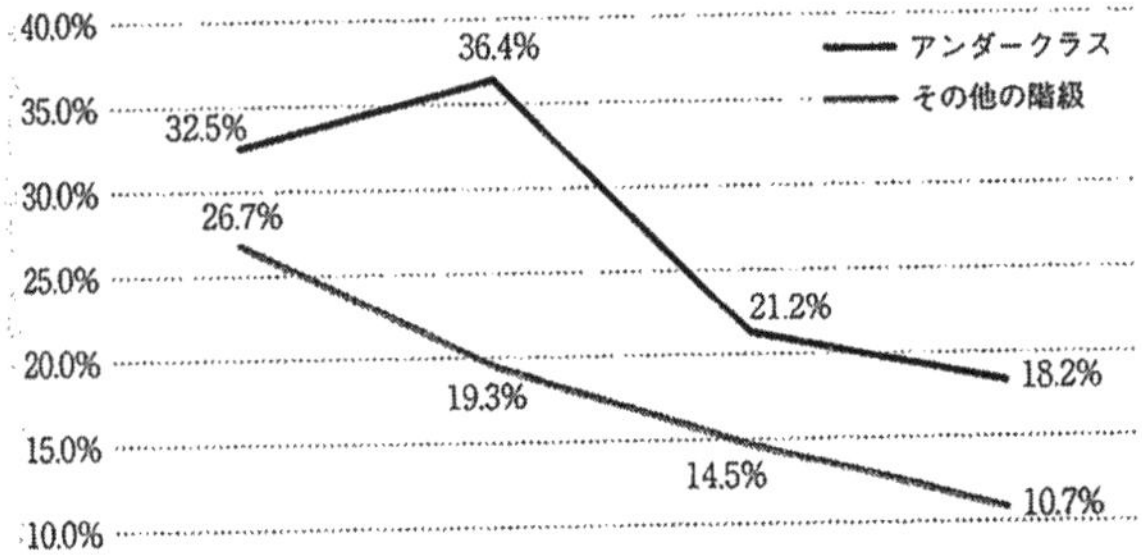

図５

(2) 気持ちがめいって、何をしても気が晴れないことがある

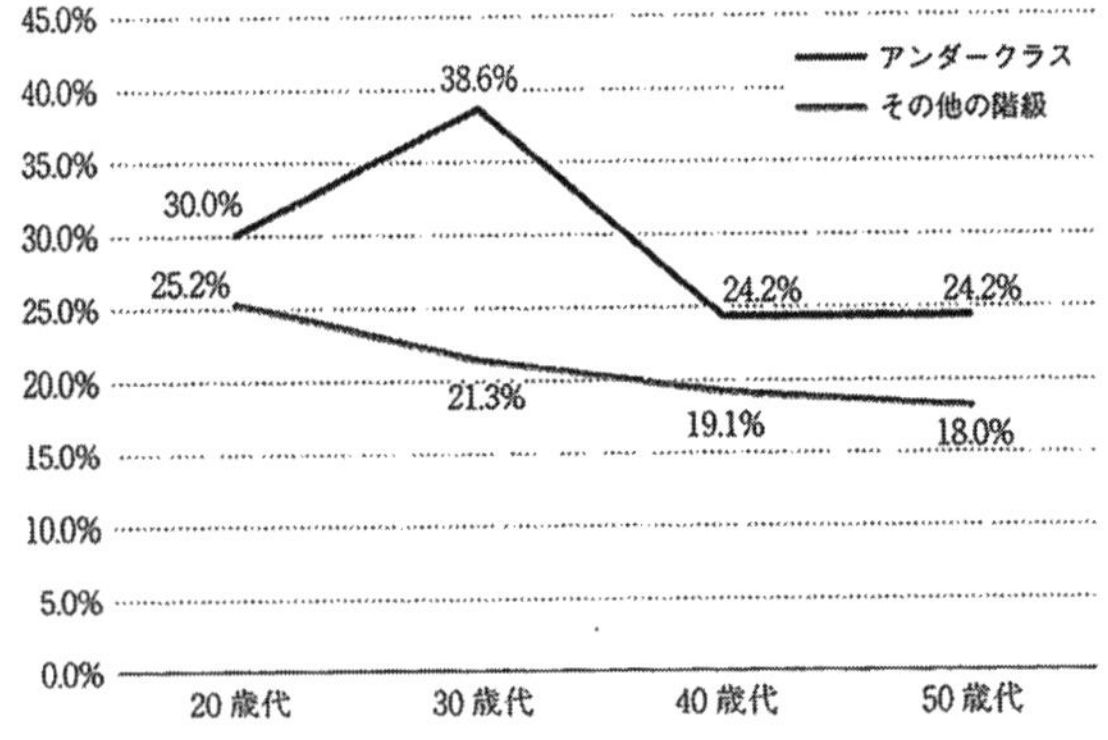

出典：2015 年ＳＳＭ調査データから算出

注）「いつも」「たいてい」「ときどき」の合計

この種の主な事件を次に上げておく。

二〇一九年 五月　川崎市の路上で登校中の児童が引きこもり気味の男に襲われ、児童一人と親が死亡、男は直後に自殺

二〇一九年 七月　京都市の京都アニメーションの事務所が放火され、三六人が死亡

二〇二一年 八月　東京京王線の車内で乗客がナイフで刺され、車内が放火される

二〇二一年一二月　大阪北新地の心療内科のクリニックが放火され、二六人が死亡

中でも三六人が犠牲となった京都アニメーションの放火事件は、世界に大きな衝撃を与えた。一審の判決（京都地裁）で裁判長は、「被告は孤立して生活が困窮していく状況の中で、京都アニメーションが自己のアイデアを盗んだと思い込み、恨みをつのらせた」と述べているが、この事件に限らず共通しているのは、犯人は経済的に不遇の状態に置かれ、社会に対して何らかの恨みを抱いており、しかも社会関係から排除されているために、相談者もいなかったという事実である。総務省（法務総合研究所）の調査でも、無差別殺傷事件の容疑者は「社会的に孤立して困窮型の生活を送っていた者が多い」と指摘していた。

ところで、事件の背景にこのような社会的要因が存在するにもかかわらず、その責任がもっぱら個人に帰せられる傾向がある。このような傾向は社会問題の個人化と呼ばれている。この種の問題のとらえ方が自己責任イデオロギーと結びつき、社会的孤立者をさらに厳しい状況に追い込んでいるのである。なお自己責任イデオロギーが、政府や行政の役割を極小化し、問題の解決を個人の努

力に押し付ける、アングロサクソン型資本主義を支える思想であることを付け加えておく。

二〇二二年七月の参議院選挙期間中に起きた安倍晋三元首相の殺害事件も、そのような文脈でとらえることができる。容疑者は旧統一教会による家庭破壊によって将来の希望を絶たれ、職を転々とする生活を送っていた。この事件をキッカケに、旧統一教会の反社会的性格と自民党との癒着関係が明らかになったが、事件当時の容疑者の精神は、恨みと絶望によって支配されていたと考えてよい。付け加えて言えば、旧統一教会の「反日的」性格は、国民の利益よりも自らの利益を優先する、自民党という政党の性格をよく現わしている。

秋葉原の事件の犯人や安倍元首相殺害事件の容疑者は、他者とのきずなを断たれ、絶望的な状況に置かれていた点で共通している。犯人の行動は責められるべきではあるが、彼らをそのような行為に追い込んだ責任が、社会や政治の側にあることも忘れてはならないであろう。現代日本の最大の矛盾は、このような事件を起こした当事者を含め、逆境に置かれた人々が自らの抱える問題を社会的、政治的に解決する展望が見えないところにある。

格差の緩和と国民国家の役割

それでは人間関係格差を含め、各種の格差を是正するために、何が求められているのであろうか。その点では二つの課題を上げねばならない。一つは経済格差を是正する国家の役割の強化であり、もう一つは市民社会における人間関係の充実である。格差問題の真の解決は、この二つの課題に取

図６　正規と非正規の賃金（時給）

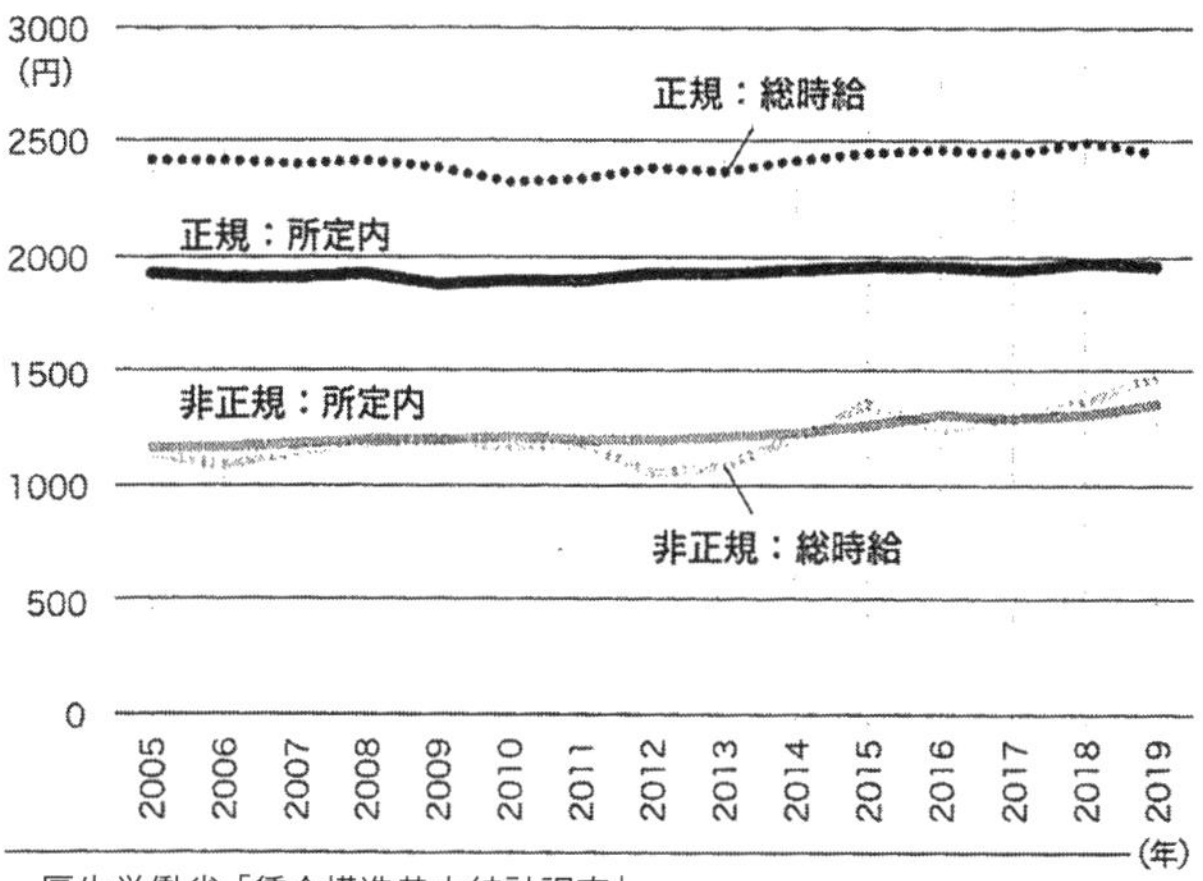

厚生労働省「賃金構造基本統計調査」

り組むことによって可能となるのである。

そこでまず問題となるのは国家の役割であるが、国家は再分配政策の強化や雇用格差の是正を行わなければならない。具体的に言えば、企業や富裕層への課税の強化、社会保障制度の充実、さらに大量の非正規雇用者を生む、雇用の規制緩和などの見直しである。特に雇用の規制緩和は、勤労者に犠牲を押し付けることによって企業の利益を確保するだけでなく、資本による労働生産性向上の努力を怠らせることにより、日本経済の地盤沈下を招いた点で罪は重い。

ところで比較的実現しやすい賃金の格差是正の方策として、同一労働同一賃金原則の実現や最低賃金の底上げなどがある。特に最低賃金については、政府の判断で実施が可能な課題である。これらの政策は大きく見れば、新自由主義による国家機能の低下を防ぎ、逆に国家機能の回復と強化に

図7　名目ＧＤＰの推移（世界上位５カ国）

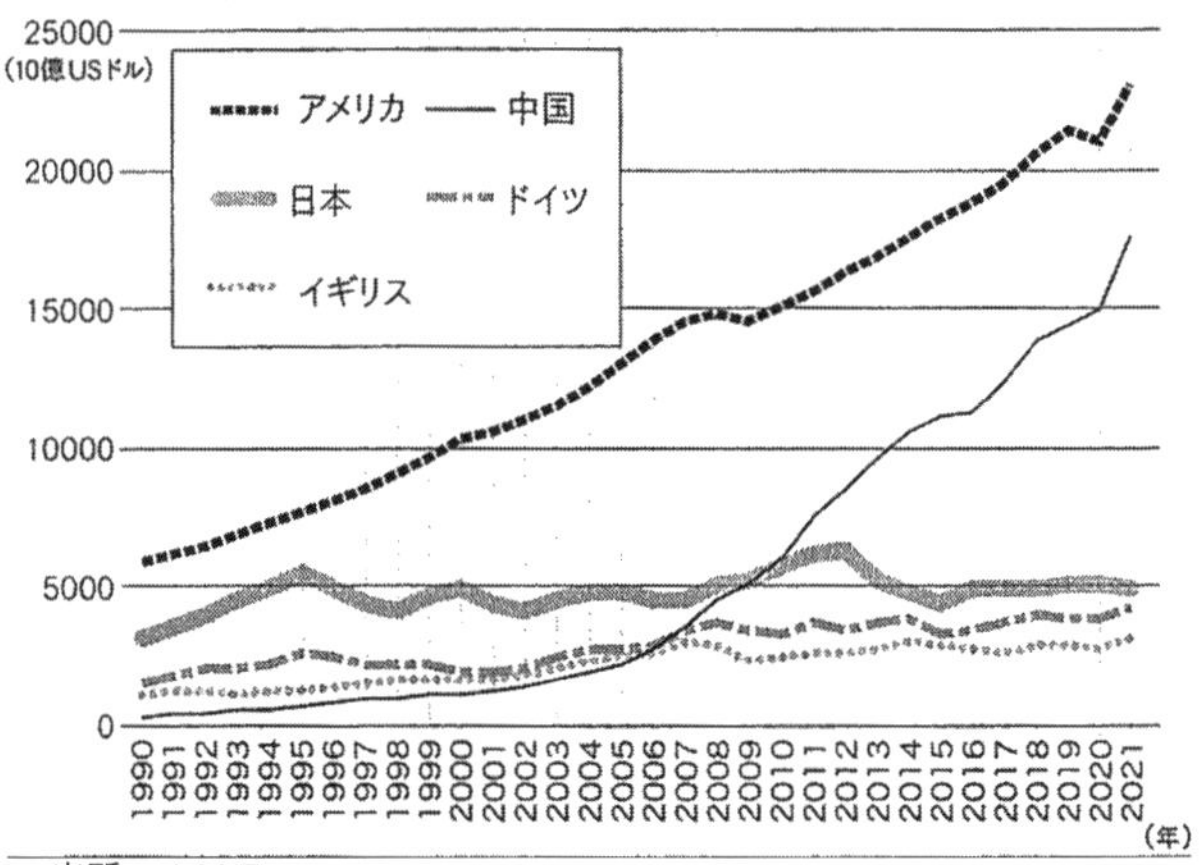

出所：ＩＭＦ

より、新自由主義に一定の歯止めをかけることを意味している。

このことは国民国家の役割の再評価につながることを意味している。グローバル化が世界の趨勢である中で、国民国家の再評価を行うことは、歴史逆行的見解に見えるかもしれない。しかし一国民主主義が成熟しない段階で、世界政府やグローバルな民主主義を語ることにあまり意味はない。人権と民主主義の実現は単線的にではなく、紆余曲折を経るものなのである。

なお富の再分配を語る際に問われるのが、配分される富の総量の問題である。図に示したように、三〇年にわたって経済が停滞し、勤労者の所得が伸びない日本が、この点で大きな問題を抱えていることは周知の通りである。この事実が日本における格差問題をより厳しいものとしている。

その理由は、富の分配がゼロサムゲーム化する（合計するとゼロになることで、一方の利益が他方の損失を意味する）ところにある。つまり富の総量が一定の状態にとどまる場合においては、ある者が多く取れば他の者の取り分は、その分だけ少なくなる。現在の日本は正にそのような状況にあるため、富裕層が富んだ分だけ貧困層が貧しくなる、すなわち格差拡大の矛盾が余計に社会問題化することになるわけである。このことは経済成長が望めない社会において、配分問題がこれまで以上に重要な意味を持つことを教えている。

人間関係格差と市民社会の役割

最後に論じておくべきは、人間関係格差を解消するための二つ目の課題、すなわち市民社会の役割である。貧困と格差問題が国家の政策によって生じたことは言うまでもないが、国家の役割はそのような政策を改め、人々に平等な生活を保障することにより、まともな人間関係の条件を整えるところにある。日本にも孤独担当相が設けられたが（二〇二一年）、人間関係格差まで行政が直接に解決できるわけではないし、またそれは好ましくもない。

以前、貧困問題に取り組むある団体の関係者が、朝日新聞のインタビューで「人間関係の貧困は、経済的貧困と同じくらい重みがある」と述べていた。その理由として上げていたのが、貧困者を援助して生活保護を受けさせアパートを確保したが、孤立を深め失踪したという事実である。フランスの思想家、アランは「一人でいる限り、人は己自身でいることはできない。人は自分から抜け出すほど一層自分自身となる」（『幸福論』）と述べていたが、それほど人間は社会性の強い存在なの

図８　１人当たり加入団体数の国際比較

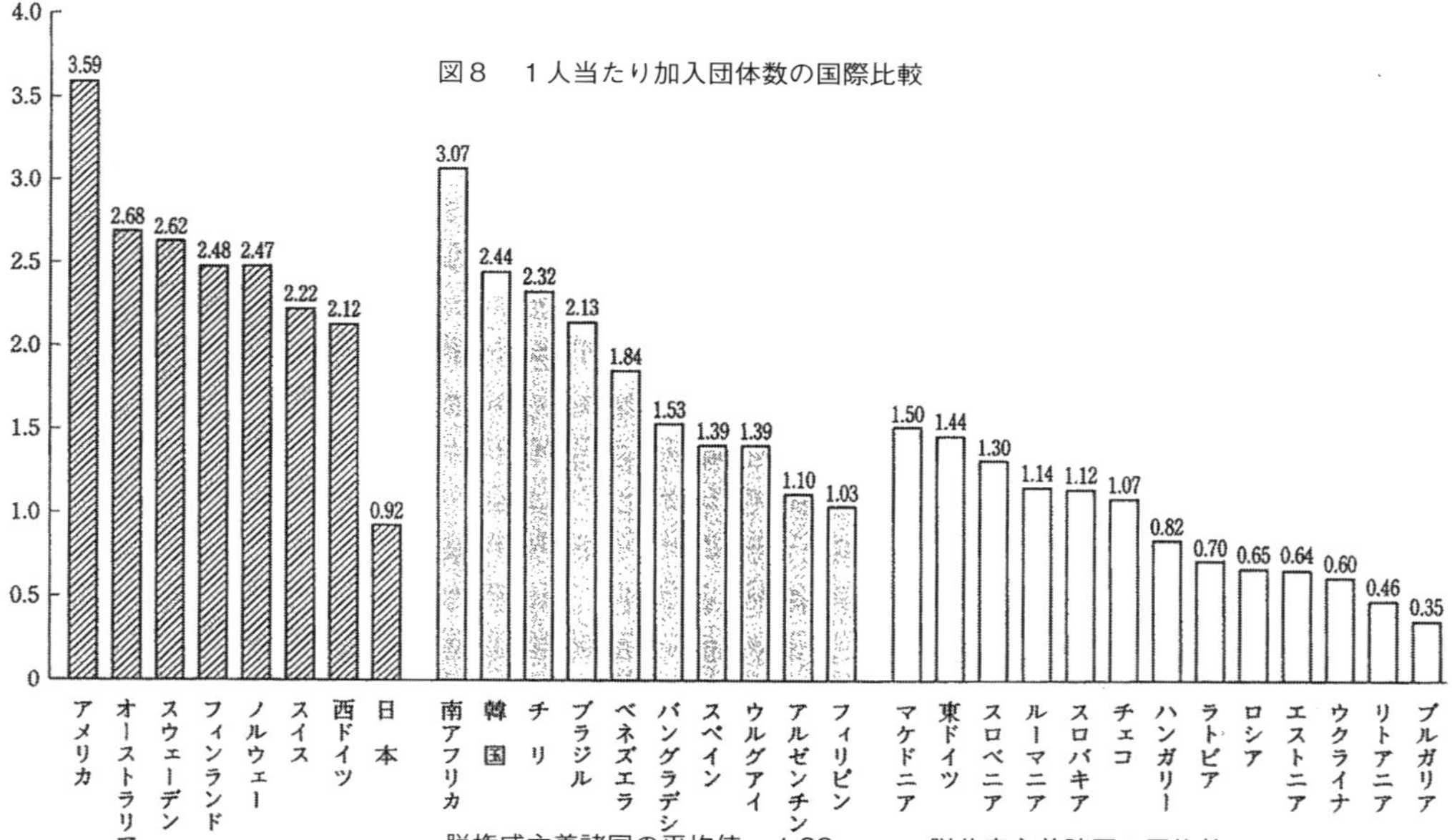

古くからの民主主義国家の平均値－2.39　脱権威主義諸国の平均値－1.82　脱共産主義諸国の平均値－0.91

出所：M,M,Howard.The Weakness of Civil Society in Post Communist Europe Cambridge University Press, 2003,p69

である。

ところで生活保護は行政の課題であるが、すでに述べたように、人間関係の問題は行政が解決すべきものではない。日本の社会はこの点で大きな問題を抱えている。特に会社人間という言葉があるように、日本は戦後の経済成長期に企業中心に人々の生活形態（性別役割分業など）が組み立てられたため、図に示すように国家と個人を媒介する中間団体の数が少なく、会社以外の人間関係を絶たれていたという現実があった。

経済成長が終わり、終身雇用を中心とする日本型雇用が解体されて以降、すでに述べたように、近年の新自由主義的政策が個人の孤立を押し進めた。その結果が膨大な数の引きこもりや、世界的にもまれな自殺者の多さとして現れているのである。

そこで求められるのが、孤立を生まない人間関係をいかに市民社会が築くかである。そのためには、それぞれの持ち場で社会的絆を強化していく努力が重要になる。子ども食堂をはじめ、社会的弱者の居場所を確保するためのコミュニティづくりが広がりつつあるが、このような取り組みをさらに進めること、そして持続的な人間関係を保障する中間団体を増やすことが求められている。行政の役割はこのような活動を、財政補助やその条件整備などによってサポートするところにある。

ところで中間団体が重要である理由は、人間の孤立を生まないためだけではない。権力の専制化を防ぐ役割も見逃せない。中間団体が少なく、個人が孤立した社会を権力が支配することは容易であるが、逆に中間団体が多く、個人の結びつきが強い社会を権力が思うように支配することは困難だからである。独裁的権力が中間団体を嫌う理由はこの点にある。

それだけではない。信頼できる人間関係は「社会関係資本（Social Capital）」で有名なアメリカの政治学者、R・パットナムが分析したように（『哲学する民主主義』）、民主主義をよりよく機能させることになる。このように中間団体や市民社会的諸活動の拡大が、民主主義の実質化にとっても、大きな意味をもつことを確認しておきたい。

市民社会の成長と民主主義

これまで人間関係格差を解消し、民主主義を実質化するものとして、人間関係や中間団体の意義について論じてきた。そこで改めて国家と市民社会との関係を考えてみよう。

そもそも国家と市民社会との関係を、どう考えるべきなのであろうか。市民社会が国家に先立つ存在であり、人類の歴史とともに古いことは言うまでもない。ただその歴史の殆どが家族的共同体によって占められていた。われわれが問題とするのは、近代市民革命以降における両者の関係である。近代市民社会をブルジョワ社会としてとらえたのはマルクスであった。マルクス主義においては、国家はその上部構造としてブルジョワ階級の利益を代表し、労働者階級を支配する機関と理解された。

しかし経済的豊かさの全体的普及や中間層の成立、そして労働者階級への選挙権の付与などにより、個人は単なる階級的存在としてではなく、市民（公民）として、また市民社会は公共的性格を担う公共圏としての性格を担うようになる。市民社会は「ブルジョワ・ササエティ」から「シビル・ササエティ」へと変化したのである。近年、日本でも使われるようになった「新しい公共」という概念も、このような傾向と関係している。要するに、これまで国家が独占していた公共性を、市民社会が担うようになったわけである。

現代における市民社会論としてよく知られているのは、市民社会の公共性を国家や市場の支配に対抗するものとして強調した、J・ハーバーマスの見解である。彼の主張の要点は国家や資本によって奪われた、理性的コミュニケーションを軸とした公共圏の現代的可能性を追究するところにある。公共圏の成立が重要である理由は、国家と個人（私人）との対立関係においては、やや受け身的に理解されてきた人権と民主主義のあり方に、大きな影響を与えるところにある。

具体的に言えば、権利はその自己防衛的性格を薄め、政治参加を通した自己実現的性格を強めることになる。またそのことは間接民主主義の矛盾を緩和し、参加による民主主義の実質化をもたらすことにもなるであろう。

さらにNPOなど非営利の中間団体が、利益本位の市場経済を抑制することにより、友愛精神の現実的基盤となるという見解もある。このように公共圏としての市民社会の成立と成熟は、第7章で述べる、人間の社会性に基づく新しい社会像（友愛社会主義）の現実化につながるものでもある。

〈参考文献〉

アラン『幸福論』（岩波文庫）
日本ソーシャル・インクルージョン推進会議編『ソーシャル・インクルージョン——格差社会の処方箋』（中央法規）
R・パットナム『哲学する民主主義』（NTT出版）
山口定『市民社会論』（有斐閣）
J・ハーバーマス『公共性の構造転換』（未来社）

第6章　民主主義制度と人間――現代人のもろさ

はじめに――制度と人間

前章の最後にハーバーマスの議論、すなわち理性的コミュニケーションによる公共圏の形成を取り上げたが、彼が属したフランクフルト学派には、なぜ理性的であるべき人間が、ナチスのような権力を生み出し、ユダヤ人虐殺を行ったのかという問題意識があった。この点はナチスだけの問題ではない。時代が進んだ現代においても、国家などによる残虐な行為が繰り返されており、そのことは人権と民主主義の将来にとって、大きな不安要因となっている。

そこで問われるのが、そのような人間存在をどのように理解するかである。制度としての民主主義がいかに優れた存在であるとしても、それを担う人間がそれにふさわしい存在でなければ、民主主義は形骸化し、状況によっては権威主義的体制（ハイブリッド型）へ後退することになる。そこで本章では、人間の問題、特に現代社会におけるそのあり方と民主主義との関係を論じることとする。人間の弱さを含めその現実的あり方を理解しておくことは、民主主義の前提となる主体的で成熟した人間を確立することにより、民主主義を確固としたものにする上で、欠かせない条件だからである。

民主主義と人間の弱さ

ところで社会体制と人間のあり方とは、そもそもどのような関係にあるのだろうか。ナショナリズムの問題で論じたように（第2章）、人間は国家や民族さらに階級などによって規定される存在であるが、各時代の政治制度と人間のあり方に、一定の関係があることは明らかである。例えば君主制や貴族制に対応する人間像としては、権威に従順で主体性を欠いた個人が想定される。民主主義体制についてはどうであろうか。民主主義は国の方向性を自らが決める制度であることを考えるならば、民主主義に対応する個人像が主体的で責任ある存在であることは容易に分かるところである。

歴史的に見ても西欧をはじめとして、人間はそのような存在へと成長して来た。しかしそれはあくまで長期的また理論的視点において言えることであり、民主主義体制下における人間が、常に主体的で責任ある存在であるわけではない。それどころか、時には極めて無責任な存在へと退化し、民主主義を自ら破壊することすらある。特に私的所有と競争を原理とする現在の資本主義社会においては、個人は利己的性格を強め他者との協力に否定的になる傾向があるだけに、注意が必要である。

そもそも民主主義体制は、理想的と言えるような制度とは言えない。古代アテネのポリス時代から、民主主義は衆愚政治と紙一重であり、最善の政治制度とは考えられていなかった。ソクラテスを死に追いやったのは、アテネの大衆裁判であったが、ソクラテスの弟子であったプラトンが、賢人が支配する哲人政治を主張したのはそのためである。衆愚政治の危険性は、ポピュリズムが支配する現代において高まっている。それどころかグローバル化が進んだ現代においては、アメリカのような覇権国家における民主主義の衆愚化は、他国への侵略を正当化し、世界に悲劇をもたらす危険さえ存在する。この点はウクライナに侵攻したロシアについても同様である。

それだけに民主主義体制下における人間の成熟が求められるわけである。人間の成熟のためには、それを阻む社会的要因を明らかにする必要がある。その点でまず問題とすべきなのが、大衆社会化の現象である。J・S・ミルはすでに一九世紀の中葉において、個人は一個の力であったが、今や個人は群衆の中に埋没し、政治においては世論が支配しており、力の名に値する唯一の力は大衆の力であると嘆いていた（『自由論』）。

後に社会学者のD・リースマンは画一的な生活様式に支配され、主体性を欠いた個人が主役となった大衆社会では、内部指向型人間に代わり、他人指向で付和雷同型の大衆が登場し、政治に大きな影響を与えるようになる、と分析した（『孤独な群衆』）。ナチスを政権の座に就かせたのは、人種主義とナショナリズムに扇動されたこのような主体性を欠いた大衆であった。

これは当時のドイツに限られた話ではなく、現代人が抱える本質的とも言うべき弱さでもある。この点を論じたのが、E・フロムである（『自由からの逃走』）。ドイツにおけるナチスの台頭を目にしたフロムは、前近代的絆から解放され、自由を得た現代人の孤立に着目する。彼によれば、自由が消極的自由（「〜からの自由」）に止まる限り、孤立した個人は自由の重み（孤独感）に耐えられず、そこから逃れようとするが、その行きつく先は、ファシスト国家に典型的な指導者への隷属であるという。自由を放棄した個人は、外部の権威と一体化することにより、心理的「安定」と民族の一員としての「誇り」を手にしたのである。このようにして、当時においてはもっとも民主的と考えられていた、ドイツのワイマール共和国体制（一九一九〜一九三三年）の中から、ナチスのような狂気の独裁的勢力が生まれたのである。

ナチスに支配されたその後のドイツの結末が、悲劇的なものであったことは周知の通りである。ナチズム台頭の背景には、社会的、経済的要因が存在したが、同時にフロムが分析したように、人間の精神的弱さが作用していたことを忘れてはならない。

マスメディアと民主主義

大衆社会化状況において、個人の主体性に大きな影響を与えるものとして、メディアの存在がある。それ故、民主主義を護る上でマスメディアの果たす役割は大きい。

この点を考える上で、ナチスによるメディア支配が教訓となる。かつてゲッペルスが率いるナチス宣伝省があらゆるメディアを支配することにより、ドイツ人のナショナリズムを煽ったが、そのことがドイツ国民の主体性を奪い、ナチスとの一体化に大きな役割を果たしたのである。このように、政治的プロパガンダは人間の行動に一時的な影響を与えるに止まらず、人間の根本的考え方や態度に影響を与えるのである。

そう考えると、個人の主体性を護るためには、メディアが流す情報との距離感を保つことが重要であることが分かる。同時に問われるのが、メディアの自覚と姿勢である。権力の暴走を監視し、国民に正確な情報を伝えることは、民主主義の前提であり、その意味で、テレビや新聞などの責任は大きいものがある。しかし現代の報道機関が果たして、それにふさわしい役割を果たしているであろうか。残念ながら答えは否と言わざるを得ない。

その理由はいくつかあるが、第一に、第四の権力と呼ばれるように、現代の報道機関が、自らの利益と存在を護る巨大な権力機関と化していることである。それ故、自らを危険にさらすような報道を行うことはない。それどころか、自らを守るために権力にすり寄り、権力の意向を忖度することが常態化する。さらに戦前の日本におけるように、国民を戦争に誘導することすら行う。第三章でも述べたように、一旦成立した組織は、本来の目的よりも自己の存続を至上課題とするようになるのである。

次いで上げるべき理由は、視聴率競争に象徴されるジャーナリズムの市場化である。この傾向によりメディアは何が真実であるかよりも、何が大衆の興味を惹くかによって、情報の価値を判断するようになる。そのため主権者の政治的判断にとって欠かせない情報よりも、人々の興味を惹く情報を優先することになる。これは資本主義市場における報道機関の宿命とも言える傾向である。このような現代ジャーナリズムが抱える性格が、民主主義を歪めることになるわけである。

一方、社会の情報化により、マスメディアの地位が低下しつつあることも事実である。特にSNSの発達が、個人からの情報発信を可能にしたことにより、情報の伝達が、大手メディアによる一方通行的なものから、双方向的なものに変化したこと、また情報発信が多極化したことの意味は大きい。そのことが民主主義の実質化にプラスの効果を与えることは間違いないであろう。しかし同時にそれが否定的な役割を演じることも忘れてはならない。この点は次に述べるフェイクニュース（意図的に捏造された虚偽の情報）の流布や、陰謀論などの検討を通して考えてみたい。

情報化による社会的分断と民主主義

情報化の進んだ現代は、事実に基づかない情報が急速に流布し、人々を誤った行動に向かわせる危険性に満ちている。大統領選挙（二〇二〇年）の結果を否定するトランプ元大統領による「呼びかけ」に応じた、支持者によるアメリカ議会襲撃事件などはそのよい例である。二〇二四年の大統領選挙においても、トランプ元大統領は共和党の有力候補であるが、様々な疑惑やスキャンダルで訴追され、有罪判決が出ているにもかかわらず、あるいはそうであるが故に彼の支持率が高まっている。

このような事態は、これまでには考えられないことであった。それだけに大衆扇動を許さないメディアの役割が重要になるが、現実には既存の公共メディアは急速に衰退しつつある。トランプ大統領の岩盤支持層（共和党支持者の六〜七割）は公共のメディアよりも、彼らの間で流通するフェイクニュースを信じるという調査があるが、これはこのような社会の情報化を背景に起きているのである。なお最近のＡＩ技術の進歩により、フェイク情報がこれまで以上に流布しやすくなったことにも注意が必要である。

このような状態が民主主義にとって、危険であることは明らかである。というのは民主主義が機能するには、すべての構成員が客観的な政治的情報を共有することが必要だからである。仮に政治的傾向の異なる層が、それぞれ独自の情報をもとに政治的判断を下すとすれば、熟議はおろか政治的対話が成立せず、民主主義の形骸化は避けられないことになる。

情報社会におけるこのような分断に関わる言葉として、フィルターバブルやエコーチェンバーというデジタル用語がある。前者は見たい情報が優先的に提示され、見たくない情報が遮断されるという意味であり、また後者はＳＮＳ上で自分と同じ意見にばかり接することにより、異なる意見を聞く機会がなくなることを意味している。そのことにより社会的、政治的分断がより深まることは言うまでもない。

これまで分断については、貧困と格差の拡大に基づくものを主として問題としてきたが、情報の世界における分断も、民主主義にとって危険な因子である。しかもこの種の分断は貧困や経済的格差のように、政策的に作り出されたものとは異なり、社会と人々の生活様式の本質的な変化（情報化）によるだけに厄介なのである。だからと言って、国家による情報管理が危険であることは言うまでもない。

陰謀論と「動機付けられた推論」の政治的深刻さ

情報分断社会で起きる危険な現象として、陰謀論の流布を上げることができる。陰謀論とは、社会的、政治的出来事の原因を一般的に考えられている理由とは異なり、政治的謀略によって引き起こされたとするものである。かつてはユダヤ人による世界支配に関わる陰謀論などが知られているが、アメリカの大統領選挙に際してＱアノンというグループが、「アメリカはエリートや闇の政府に支配されており、トランプ大統領はこれと闘う救世主である」という言説を流布したと言われている。これなどは現代における陰謀論のよい例である。陰謀論の主張には、特定の勢力が世界を支配しているが、それは表には姿を現さないという特徴がある。このような言説はそれを実証できないだけに悪質である。

しかしこれに対しては、陰謀論を信じる人間は政治的意識が低く、現実の政治において問題に値する存在ではない、それ故、政治的影響力は限られるという反論が予想される。ところが陰謀論の研究は、それほど楽観的になれないことを教えている。というのは、陰謀論的発想は政治的意識の低い層よりも、むしろ高い層において強く見られるという研究があるからである。逆に陰謀論的発想にもっとも影響されにくいのは、皮肉にも社会的、政治的事柄にあまり関心を抱かない人であるという。その理由は、もともとこのような人々の生活が、陰謀論的世界とは縁が薄いからである。

政治的関心の高い層ほど陰謀論的言説に捕らわれやすい理由は、左右を問わず政治的信念を持つ人間は自分の信念に合致していれば、たとえおかしな情報でもそれを信じてしまうというところにある。逆に自分の政治的信念に反する事実が示された時には、事実をそのまま受け取らず、自らに都合の良い解釈を行うことによって、自分の世界観を乱さないようにする。その方が心の安定が保たれるからである。

このような心的傾向は程度の差こそあれ、立場を超えて誰にでも見出されるものである。例えば左派の人間は自民党の政策に対して、仮にそれが社会的に有意義であったとしても、その意義を容易に認めようとしないであろう。このような自己の信念やイデオロギーを守るための認知的メカニズムを、専門家は動機付けられた推論と呼んでいる。なおこの問題を理解する上で、秦正樹『陰謀論』が参考になる。

この種の認知機能は、人間の本質でもある自己防衛的な保守性に基づいたものであり、それだけに簡単に克服できるものではない。このような意識はさらにより積極的に、自らのイデオロギー性を合理化し、強化する言説すなわち陰謀論へと発展する危険性がある。その点では、宗教的信念に支えられた共和党保守派（トランプ支持派）の存在が、アメリカの民主主義にとって大きな障害であることが分かる。

イデオロギー主義からの卒業

動機付けられた推論に関する研究は、民主主義との関係でわれわれに多くのことを教えている。

まず情報がそれを受け取る人間のイデオロギー的信念に合うように都合よく解釈されるならば、民主的決定の前提となる情報についての共通の認識が容易でなくなり、その結果、信念の異なる者同士の間では、政治的合意の形成は難しくなるということである。

　このような状況を改善するために、何が求められているのであろうか。まずイデオロギー的対立の程度を和らげること、そのためにも動機の強度、すなわち各人の信念の水準を引き下げる必要がある。しかしそれは容易なことではない。特に一定の教義を有する宗教や、体系性の強いイデオロギーにおいては非常に困難である。そのことが特定の信念と、それによって結びついた集団の崩壊につながるからである。

　日本では宗教的信念が政治に与える影響は限られており、またソ連体制の崩壊もあり、左右のイデオロギー的対立もかつてに比べれば、それほど厳しくはないように思われる。右派イデオロギーについて見れば、問題となるのは自民党の中核に位置する前近代的な保守派である。女性や家族のあり方について、彼らは人間の平等や人権に反する考え方に支配されているからである。しかしその信念は時代の変化（成熟）によって、変わらざるを得ないであろう。

　むしろその点で問題となるのは、左派特にマルクス主義理論に基づく信念と運動であろう。確かに彼らも時代の変化により、そのあり方を柔軟化させているが、その根本にある信念は右派とは異なり理論性と体系性が高く、自己正当化の傾向が強いため、時代の変化への適応が遅れるからである。

加えて左右を問わず、組織の矛盾が党派の対立をより厳しいものとする。動機付けられた推論は集団性によって強化されるが、集団としての組織のあり方は容易には変わらないからである。第3章において、組織が本来の目的を忘れ、自らの存在を自己目的化する組織固有の論理について論じたが、同じように、いったん成立した組織はその状態を続けようとすることにより、変化を拒む傾向がある。これを経営組織論では組織慣性と呼んでいる。組織慣性の傾向は、イデオロギー性の強い左派系の組織においては、特に強固であると考えてよい。このような組織のあり方が、動機付けられた推論からの脱却をより難しくしているのである。しかし時代の変化に応じた新たな組織編成ができなければ、組織の衰退は避けられないであろう。

組織慣性を克服するために求められるのは、時代の新たな積極的傾向（社会の成熟）を受け止め、それにふさわしい組織を再構築することである。そのことは政治勢力間のイデオロギー対立を卒業することにより、日本の民主主義を発展させる上でも重要なことなのである。

《参考文献》

J・S・ミル『自由論』（岩波文庫）
D・リースマン『孤独な群衆』（みすず書房）
E・フロム『自由からの逃走』（東京創元社）
秦正樹『陰謀論』（中公新書）

菊澤研宗『組織は合理的に失敗する』（日経ビジネス人文庫）
碓井敏正『日本共産党への提言』（花伝社）

第7章　これからの人権と民主主義――友愛社会への道

はじめに――人権と民主主義の歴史的相対性

これまで人権と民主主義体制の制度的矛盾や、それを形骸化する社会的矛盾さらに制度を担う人間の問題を中心に論じてきた。最後に、近代における人権や民主主義の存立基盤そのものについて、やや本質的な分析をしておきたい。そのことが求められる理由は、人権や民主主義はそれ自体が最終的な目標ではなく、人々がよりよい生活をするための手段に他ならないからである。さらにこの点を踏まえた上で、人権と民主主義の将来像について考えてみたい。

そこでまず問題とすべきは、人権や民主主義の歴史的相対性である。人権について見れば、それは人間の自由と尊厳を守るものであるが、近代におけるその主体は社会契約論（例えばロック）が想定したように、社会に先立って存在し、相互の契約によって社会、国家を成立させる自由で平等な個人である。そのような個人像の前提にあるのは、権力の侵害から自己の生命や財産を護るという自己防衛的問題意識であり、それ故、他者との関係や協力は手段的なものに過ぎなかった。このような個人像は、資本主義的市場経済の下では、私的利益を追求する利己的存在として現象することになり、そのため彼らの有する権利は、個人の権利として排他的性格を帯びることになる。
一方、そのような個人を前提とする近代民主主義制度の目的は、彼らの自由や利益を護るところにある。しかし市場競争を柱とする社会において、各人の利益や考え方が一致するわけではない。そのため、民主主義は多数決原理によってはじめて機能することになり、その結果、民主主義は少数者や個人の権利としばしば対立することになる。

このような状況に置かれた人権と民主主義を成熟させ、実質化していくことは容易なことではない。しかしその手掛かりがないわけではない。それは人権の重視、それも社会的弱者の権利の重視である。彼らは競争本位の資本主義的市場経済になじまない存在であるだけに、彼らの置かれた現実は現在の権利や民主主義の抱える問題を明らかにし、その新たなあり方を模索し、展望する上で大きなヒントを提供してくれるからである。なおそのことを可能にさせているのが、人間存在が有する本質的な社会性である。本章ではこの点を重視して、人権と民主主義体制の将来を展望することとする。

人権の試金石としての重症心身障害者への対応

人権は万人に保障される普遍的なものであるが、特に問われるのは社会的弱者の権利である。言うまでもなく、弱者は権利が侵害されやすい存在だからである。そのため女性や子どもそれに外国人などの権利保障が、これまで大きな課題となってきた。しかし社会的弱者の中でもっとも権利が無視されやすいのが、障害者とりわけ重症心身障害者（以下障害者）である。それ故、彼ら（彼女ら）の権利が保障されることは、人権保障が次の段階に進むための第一歩ということができる。

それだけではない。実は障害者の権利保障の問題には、現代における人と人との関係を問い直し、新たな人間関係を構築するためのヒントが隠されているのである。別の角度から言えば、それだけ障害者は特殊な環境に置かれてきたということができる。そこでまず彼らの置かれた特殊な環境の実態について、その歴史的経緯を含め明らかにしておこう。

重症心身障害者は社会から隔離され、時には優生思想に支配された国家によって、抹殺されるべき存在として扱われてきた。ナチスがユダヤ人だけでなく障害者を大量に抹殺した（一説では七万人以上）ことはよく知られている。優生思想に支配されていたのはナチスだけではない。優生思想は一八世紀におけるイギリスの社会ダーウィニズム（生存競争による種の淘汰・適者生存を主張）から始まっているが、広くヨーロッパ全体に広がり、ドイツよりも早くデンマークやスウェーデンなどの北欧において根づいていた。実はドイツでの障害者の殺戮は、ナチスによるというよりは、精神科の医師達による独自の判断で行われたと言われている。

スウェーデンでは一九七〇年代まで、障害者に対する強制的断種手術がなされていたという事実が一九九〇年代に発覚し、世界的に話題となったことがある。福祉国家論の元祖的存在として知られている、社会民主主義の経済学者、K・ミュルダールも優生思想を肯定していた。なぜ福祉国家と優生思想が結びつくのであろうか。それは福祉の財源と関係している。すなわち障害者は福祉財源の負担となる存在であり、それ故、彼らの数を減らす必要があるからである。

日本について見れば、優生思想はむしろ戦後の民主主義体制になってから強化された。一九四〇年に制定された「国民優生法」はあまり機能しなかったが、戦後の新憲法下で制定された優生保護法（一九四八年〜一九六六年）は、明確な優生思想に基づく法律であった。しかしこの法律は、国会において全会一致で承認されている。それだけ優生思想の克服は難しい課題なのである。

その大きな理由は、優生思想が種の「適者生存」という「生物学的根拠」だけでなく、適者生存の競争原理が支配する資本主義社会の価値観と一体化した考え方であるという点にある。それ故、この思想の克服は資本主義との闘いを通して、新たな原理に基づく社会を展望することと結びつかざるを得ない。その新たな原理が競争や対立ではなく、人間の社会性に基づく協調と友愛であることは容易に想像できるであろう。

障害者問題が切り拓く、新たな人間関係と世界

この点で参考になるのが、日本における障害者問題の先達である糸賀一雄氏の主張である。彼は重症心身障害者の収容施設である「びわこ学園」の創設者のひとりであるが、著書の中で知的障害者の問題に取り組むことは、「人間と人間が理解と愛情で結ばれるような社会」をめざす「歴史的戦い」であると述べている（『福祉の思想』）。この考えの背景には、彼のキリスト教信者としての信念がある。

わたしも友愛を原理とする社会主義を論じたことがあるが（碓井・西川編『自己責任資本主義から友愛社会主義へ』）、わたしが構想する社会主義は特殊な社会体制を説くものではなく、人間の本来的社会性（友愛）が大事にされる社会を意味しており、その点で糸賀氏のキリスト教に基づく信念と重なるものがある。なおこの点では、村岡到編『宗教と社会主義との共振』が参考になる。

糸賀氏のよく知られた言葉に、「この子らを世の光に」（「この子らに世の光を」ではなく）があるが、糸賀氏にとって重症の知的障害者は、単なる同情や保護の対象ではない。彼らは権利主体なのであり、それに止まらず、われわれと彼らは相互の関係を通して変化、発達する存在なのである。すなわち「この子らを世の光に」という言葉は、彼らとの関係を通して人間同士の関係のあり方が変わるべきことを求めているのである。

この点は単なる理想論あるいは「あるべき論」ではない。びわこ学園の園長であった医師の高谷清氏は、自らの経験を通して次のように述べている。脳が欠損している障害者は言葉を理解できず、その点で理性的主体とは言えないが、感覚を通して他者を識別し関係を築くことができる（『重い障害を生きるということ』）。わたし自身、高谷氏に案内されて施設を見学した経験があるが、その時に彼の考えの正しさを感じたことがある。健常者と障害者とは単にケアする存在とされる存在ではなく、ケアを通して相互に理解し合い、発達する存在なのである。

ケアの理論家であるアメリカの哲学者、M・メイヤロフも、ケアという行為において同様の人間関係を強調する。彼は真のケアとは単に相手の幸福を願うものではなく、相互信頼を通して相互に成長する行為であるという。さらに彼は「私は他者に専心しているがゆえに、また他者に依存しているがゆえに、自律的にありえる」（『ケアの本質』）と述べている。さらにメイヤロフは「私は他者のケアをしている、ゆえに私は真に存在しているのである」とさえ述べている。

メイヤロフがこのように語るとき、彼は西欧流の個人主義の立場を超えている。近代個人主義の原点はデカルトの命題「われ思う、故にわれあり」に示されるように、理性的な自己意識の確立にあるが、友愛社会を構成する個人はメイヤロフが言うような、感性によってつながる相互依存的な存在なのである。ケアの思想はこのように、新たな社会へとわれわれを導くことになる。

なおケアの倫理を女性の「特性」と結びつける議論があるが、これは視野の狭い考え方と言わねばならない。ケアは人類共通の人間的本質と考えるべきだからである。

人権と民主主義の根本を問い直す

ここで改めて、現代のわれわれの社会における人間関係と権利概念の特徴を確認しておこう。本章の「はじめに」で述べたように、近代的権利は個人の自立を基本とした自己と他者の区別・対立を前提としており、その上で個人の利益や主張を護るところにあった。近代の民主主義も、このような排他的個人を前提とした制度であった。その排他性がもっとも明確に現れるのが私的所有権である。私的所有権はまさに他者の排除を本質としているからである。

重要なことは、私的所有をめぐって個人間の対立を生む体制が、搾取と利益追求を本質とする資本主義的生産様式である、という点である。この事実をいち早く見抜いたのはマルクスであった。彼は「自由、平等、友愛」という近代の理念を言い換えて、資本主義社会の現実を「自由、平等、所有そしてベンサム」と述べたが（『資本論』流通過程論）、まさに友愛ではなく所有や功利主義が支配することにより、人々を分断するのが、資本主義なのである。それ故、資本主義を乗り超えることは、糸賀やメイヤロフが述べたような、相互に発達する人間関係の条件なのである。

そのことはまた人間の社会性（友愛）を原理とする、本来の社会主義の実現につながるものである。このような社会は、マルクスが『共産党宣言』で述べた「各人の自由な発展が、万人の自由な発展の条件であるような共同社会（アソシエーション）」でもあるだろう。

このような社会においては、個人のあり方や権利の意味は大きく変わることになる。しかしこのことはわれわれに、人間のあり方の変革を強要するものではない。アリストテレスは「人間は社会的（都市国家的）動物である」（『政治学』）と述べたが、社会性（友愛）は人間本来の属性だからである。多くの人々が災害時などに、ボランティア活動に参加することがこのことを教えている。むしろ他者と対立し、もっぱら自己の利益を追い求める姿は、マルクスが人間疎外と規定したように、本来の姿を否定された人間のあり方と考えるべきなのである。その意味で社会主義とは、人間が本来有する社会性を取り戻した社会と言うことができるのである。

付け加えて言えば、そのような社会は、単に生産手段の社会化（国有化）や国家による富の再分配によって実現するものではない。そのことによって友愛に基づく労働が自動的に保障されるわけではないからである。それ故、新たな社会主義はかつてのソ連型社会主義とはもちろん、北欧の社会民主主義体制とも異なるものとなるであろう。

人権と民主主義の将来

最後にこれまでの考察を踏まえながら、権利と民主主義の将来を展望してみよう。まず権利について見れば、すでに述べたように、人間同士の関係の変化によりその排他的性格が弱まり、協働的性格が強まることになるであろう。さらに協働を通しての相互の発達、自己実現の手段としての意味が強くなるであろう。このことは従来型権利概念の終焉を意味することになる。この点と関わって言えば、近年、法学の分野でも人間同士の関係性を重視する、関係的権利論という考え方が生まれているというが、注目すべき傾向であると思われる。

民主主義についてはどうであろうか。民主主義の原理は多数決であるが、その前提には利害の対立する集団の存在がある。仮に友愛原理が集団間の利害の対立に優るようになれば、民主主義は相互協力を促進する制度へと変わることになるであろう。そのためにはすでに述べたように、格差の解消や経済的水準の向上と豊かさの平等な普及、そして何よりも資本主義的生産様式の改変が必要になる。

以上はあくまで大きな見通しであり、そのためにはすでに述べたように、分断を生む資本主義的生産様式の克服が条件となる。そのことは様々な課題の解決と試行錯誤を伴うことになるであろう。

注文数	冊
書名	人権と民主主義の再考
発行所	ロゴス

碓井敏正著

定価1540円
(本体1400円+税10%)

月　日注文

ISBN978-4-910172--30-9
C0031 ¥1400E
9784910172309

地方小出版 取扱品

補充・注文カード

地 定価1540円 (税10%)

店名・帖合

売上カード

人権と民主主義の

ISBN978-

4-910172-30-9

中でも市場経済（資本主義とは区別された）の評価は重要な問題である。しかし人間の考え方が着実に前進しつつあることも間違いのない事実である。そのことはすでに述べたように、障害者が単なるケアの対象ではなく、彼らの権利保障が問われるようになったこと、さらに彼らの存在が人間同士の関係を見直すきっかけとなったことが教えている。

また民主主義についても近年、グローバル化の一方で地方自治（参加）が重視されるようになり、また多数決よりも熟議が重視されるようになった。これらのことは従来型の民主主義体制の枠内においてではあるが、友愛原理の比重の高まりを意味すると考えてよい。このように見ると、競争と対立が生み出す現実の様々な矛盾が、人権と民主主義の成熟を促していることが分かる。友愛に基づく社会（友愛社会主義）への道は、そう遠くないのかもしれない。

〈参考文献〉

米本昌平・市野川容孝他『優生学と人間社会』（講談社現代新書）
糸賀一雄『福祉の思想』（ＮＨＫ出版）
高谷清『重い障害を生きるということ』（岩波新書）
Ｍ・メイヤロフ『ケアの本質』（ゆみる出版）
碓井敏正・西川伸一編『自己責任資本主義から友愛社会主義へ』（ロゴス）
村岡到編『宗教と社会主義との共振』（ロゴス）

マルクス『資本論』（大月書店）
同『共産党宣言』（岩波文庫）
アリストテレス『政治学』（岩波文庫）
井上達夫編『人権論の再構築』（法律文化社）

補論3　環境問題が人権、民主主義に問いかけるもの

――環境問題と人権、民主主義との負の関係

はじめに

これまでの考察では、人権と民主主義が内包する制度的矛盾やそれを取り巻く現実的問題を取り上げ、その解決の方向性について論じてきた。そのことが人権と民主主義を実質化する、大前提だからである。しかし人類が抱える問題のすべてに言及したわけではない。特に環境問題は人類の生存の重要な条件であるにもかかわらず、まったく語ることができなかった。それは環境問題と人権や民主主義の問題とは関係性が薄いと思われるからである。

しかし環境論を追究すると、そこには現在の人権と民主主義体制の否定的役割だけでなく、その前提すなわち、人権や民主主義の主体に関わる重要問題が隠されていることに気がつく。そこで最後に、環境問題が有する人権と民主主義に対する重要な含意について論じておきたい。そのことは人権と民主主義を、より広い視点でとらえることに役立つことになると思われる。

人間中心主義の問題——動物の権利、自然の権利

環境破壊の要因として、私的所有権に基づく無制約な経済活動があるが、近代の人権と民主主義の体制がそれを許してきたことは否定できない。人権の主体である個人は経済的主体でもあり、また民主主義はそのような個人の利益を擁護する体制であったからである。そう考えると、環境保全と現在の人権や民主主義体制との間には負の関係があることが分かるであろう。

それでは人権や民主主義のあり方を正すことによって、環境と調和する体制が可能となるのであろうか。しかし事はそれほど容易ではない。というのは、これまで人権や民主主義が抱える様々な課題について論じてきたが、環境問題の深刻さは、人権や民主主義の主体やその前提を問い直しているところにあるからである。そこでまず権利の主体について考えてみよう。

これまで権利の主体が人間であることは自明のことであり、そのことに疑問を感じる人はいなかった。その点で、権利は人間中心主義を前提とした概念と言うことができる。しかし一部の環境論者は、そのような人間中心主義こそ環境破壊をもたらした考え方であるとして、動物の権利や自然の権利を主張する。

動物の権利について言えば、彼らは動物に「人間と同等の権利を保障せよ」と主張しているわけではない。しかし動物も感情を有し苦痛を感じる存在であり、そのような存在に対する倫理的配慮が必要であるとする。確かに権利一般を動物に認めることは論外である。例えば、理性的判断を

欠いた動物に、参政権（選挙権）を認める論者はいないであろう。しかし生存権について言えば、動物も不当な身体の侵害を拒む存在であり、その限りにおいて彼らの「権利」を認めることもあり得る話である。

また自然の権利は自然保護のために、自然に法的主体としての位置づけを与えようとするものである。このような環境論者の考え方は、人間存在を相対化する考え方であるが、これを極論として片付けることはできないであろう。というのは、人間が自然によって生かされている存在であるにもかかわらず、その活動が自然環境を危機的状況に追い込んだこと、そのことにより、動植物の生存自体に大きなダメージを与えているからである。

民主主義の前提を問う

一方、民主主義について言えば、それが現在世代の利益の擁護を前提としており、未来世代の利益が考慮されていないことは明らかである。そもそもまだ存在していない未来世代は民主主義の構成員たりえない、と考えられてきたのである。しかし環境破壊の影響をもっとも強く受けるのが、未来世代であることは明らかである。にもかかわらず彼らの利害が反映されないとすれば、現在の民主主義体制は人類の長期的存続を視野に入れていない制度ということになる。

このように考えると、現在の人権と民主主義の制度が、温暖化をはじめとする環境問題の深刻化に対応できないことが分かる。それどころか、この制度が人間存在そのものを危うくしているとすれば、われわれは人権と民主主義を人類の長期的利益に適うものに変えていかねばならない。しかしそれが容易な課題でないことは、環境権の内容を分析することによって分かる。というのは、良好な環境の下で生活する権利である環境権は、以下に論じるように、他の諸権利とは本質的に異なる性格を帯びているからである。

権利を否定する環境権

一般に権利は権利を侵害する他者（主に国家権力や社会的権力）を想定し、その権限を制約することによって保障されるものである。しかし環境権が想定する住みやすい持続可能な環境は、そのようにして保障されるものではない。逆に環境権の保障は、個人の自由な行動の制約を含意していることを理解する必要がある。

例えば、CO_2を減らすためには、各人が自動車の使用を控えることが求められるが、そのことは移動の自由の部分的制限を意味することになる。また肉食のために大量の飼料を栽培することは、環境に大きな負荷を与えている。それ故、よい環境を回復するには食生活を含め、生活のあり方全体の見直しが求められることになるのである。なお権利を制約するものとして「公共の福祉」があげられるが（憲法一三条）、公共の福祉はあくまでも現在世代に限定された概念であり、将来にわたる環境問題を視野に入れたものではない。

このように考えると、環境権は権利というよりは、人類の存続を確保するための義務という性格が強いことが分かる。以上の考察は、人権や民主主義が絶対的な存在ではないことを、また人権や民主主義を越えたより広い人類的、地球的視点が求められていることを教えている。この点に関わって、日本における環境倫理学の先達である加藤尚武氏は、次のように述べている。

「未来への責任という倫理を、近代倫理の構造的欠落であると謙虚に認め、そして現在世代は未来の人類の生存のための犠牲を支払わなくてはならない。これが現在世界のもっとも中心的な課題である」（『環境倫理学のすすめ』）

人権は責任や倫理に先立って保障されるべきものと考えられてきたが、環境問題は人権や民主主義を超えた、より根本的な倫理を求めているのである。そしてそのような倫理を踏まえた、新たな人権と民主主義のあり方が問われているのである。

その点で注目すべき動きがあることを評価しなければならない。一五歳から活動を始めた、スウェーデンのグレタさんのような環境活動家の存在がそのよい例である。またアメリカのモンタナ州では、選挙権を有さない一六人の若者が化石燃料に依存する州の政策を批判して裁判を起こし、勝訴したという例（二〇二四年）もある。人権や民主主義の世代的限界を越えるためには、まず未来世代に近い若者たち（選挙権を持たず、権利の十分な主体と見なされない）の主張に耳を傾けることから始めるべきなのであろう。

なお第７章で論じた、人間の社会性の回復を追求する新たな社会主義（友愛社会主義）は、近代の個人本位の価値観を超えて社会の永続性を重視する点で、環境にやさしい持続可能な社会の考え方と一致することを、最後に付け加えておきたい。

〈参考文献〉

加藤尚武『環境倫理学のすすめ』（丸善ライブラリー）

あとがき

本書を書き終えてつくづく思うのは、人権と民主主義の体制は人類が築き上げてきた重要な制度ではあるが、それを擁護し発展させることは非常に困難な作業であるという事実である。その理由は本書でも論じたように、近代資本主義が貧困や格差を絶えず生み出し、民主主義を形骸化させるからであり、加えて時代とともに現れたポピュリズムや情報化それに中国の台頭などが、民主主義の体制を揺るがしているからである。

その意味では、民主主義を護る闘いは丸山真男による「永久革命としての民主主義」（『現代政治の思想と行動』）という言葉が現すように、終わりのない過程と考えるべきなのであろう。しかしこのことは、その闘いが徒労に終わることを意味しない。というのは長い視点で見れば、自由と民主主義の体制が進化し実質化することは、疑うことのできない傾向であると考えてよいからである。

そのように信じる根拠を一言で表せば、それは政治体制を支える市民社会の成熟傾向である。上部構造としての政治体制に揺らぎが見られるとしても、個人の権利や生き方の多様性を受け入れる社会の成熟は、世界的レベルで確実に深まりつつある。それ故、民主主義を護る闘いに終わりはないとしても、そのあり方はより高度化し、またそれだけやりがいのある闘いとなるであろう。

なお最後に、本書の出版を引き受けてくれたロゴスの村岡到氏に、この場を借りてお礼申し上げたい。本書が人権と民主主義の発展に貢献することを願うばかりである。

人権と民主主義に関わる歴史年表（世界）

1215年　イギリス・マグナカルタ（自由の大憲章）
1628年　イギリス・権利の請願
1642年　イギリス清教徒革命（～1949年）
1688年　イギリス名誉革命、「権利の章典」(1689年)
1776年　アメリカの独立、「アメリカ独立宣言」
1789年　フランス革命、「人権宣言」(人間と市民の権利宣言)
1914年　第一次世界大戦始まる（～1918年）
1917年　ロシア革命起きる
1920年　国際連盟発足
1928年　パリ不戦条約締結
1939年　第二次世界大戦始まる（～1945年）
1945年　国際連合（国連）発足
1948年　「世界人権宣言」発布
1949年　中国社会主義の成立
1950年　朝鮮戦争勃発
1958年　EEC（ヨーロッパ経済共同体）発足
1965年　ベトナム戦争勃発（～1975年）
1967年　EC（ヨーロッパ連合・EUの前身）発足
　　　　ASEAN（東南アジア諸国連合）発足
1968年　プラハの春
1989年　天安門事件起きる
1989年　ベルリンの壁崩壊、東欧の民主化
1991年　ソビエト連邦の崩壊
1993年　EU（欧州連合）結成
2010年　中国世界2位の経済大国に
2016年　トランプ大統領選出（～2021年）
2021年　イギリスEUから離脱
2022年　ロシアによるウクライナへの軍事侵攻

人権と民主主義に関わる歴史年表（日本）

1868年　明治維新起きる
1871年　四民（士農工商）平等、解放令（部落差別禁止）の実施
1872年　義務教育（学制）開始
1873年　徴兵制施行
1881年　板垣退助による自由党結成
1889年　大日本帝国憲法発布
1890年　国会開設
　　　　教育勅語発布
1894年　日清戦争開始（～1885年）
1904年　日露戦争開始（～1905年）
1910年代　大正デモクラシー（～1920年代）
1925年　普通選挙権（男性、25歳以上）の実施
1931年　満州事変勃発、日中戦争へ
1941年　日本の第二次世界大戦への参加
1945年　日本の敗戦、連合軍による統治（～1951年）
1946年　日本国憲法制定
1951年　サンフランシスコ講和条約締結、日本の独立
　　　　日米安保条約の締結
1960年　日米安保条約反対闘争
1972年　中国との国交正常化
1993年　地方分権改革始まる
2001年　小泉政権（～2006年）による新自由主義的改革が本格化
2009年　民主党政権の成立（～2012年）
2012年　安倍内閣（～2020年）による憲法無視、集団的自衛権容認。
　　　　アベノミクスによる貧困と格差の拡大
2021年　安倍元首相の暗殺事件起きる
2024年　岸田政権下での裏金問題などにより、政治不信が高まる

日本国憲法（本書に関連する部分と各章タイトルのみ）。

憲法は、一九四六年一一月三日に公布され、翌年五月三日に施行された。

前　文

日本国民は、正当に選挙された国会における代表者を通じて行動し、われらとわれらの子孫のために、諸国民との協和による成果と、わが国全土にわたつて自由のもたらす恵沢を確保し、政府の行為によつて再び戦争の惨禍が起ることのないやうにすることを決意し、ここに主権が国民に存することを宣言し、この憲法を確定する。そもそも国政は、国民の厳粛な信託によるものであつて、その権威は国民に由来し、その権力は国民の代表者がこれを行使し、その福利は国民がこれを享受する。これは人類普遍の原理であり、この憲法は、かかる原理に基くものである。われらは、これに反する一切の憲法、法令及び詔勅を排除する。

日本国民は、恒久の平和を念願し、人間相互の関係を支配する崇高な理想を深く自覚するのであつて、平和を愛する諸国民の公正と信義に信頼して、われらの安全と生存を保持しようと決意した。われらは、平和を維持し、専制と隷従、圧迫と偏狭を地上から永遠に除去しようと努めてゐる国際社会において、名誉ある地位を占めたいと思ふ。われらは、全世界の国民が、ひとしく恐怖と欠乏から免かれ、平和のうちに生存する権利を有することを確認する。

われらは、いづれの国家も、自国のことのみに専念して他国を無視してはならないのであつて、政治道徳の法則は、普遍的なものであり、この法則に従ふことは、自国の主権を維持し、他国と対等関係に立たうとする各国の責務であると信ずる。

日本国民は、国家の名誉にかけ、全力をあげてこの崇高な理想と目的を達成することを誓ふ。

第一章　天皇

第二章　戦争の放棄

〔戦争の放棄と戦力及び交戦権の否認〕

第九条　日本国民は、正義と秩序を基調とする国際平和を誠実に希求し、国権の発動たる戦争と、武力による威嚇又は武力の行使は、国際紛争を解決する手段としては、永久にこれを放棄する。

2　前項の目的を達するため、陸海空軍その他の戦力は、これを保持しない。国の交戦権は、これを認めない。

第三章　国民の権利及び義務

〔国民たる要件〕

第十条　日本国民たる要件は、法律でこれを定める。

〔基本的人権〕

第十一条　国民は、すべての基本的人権の享有を妨げられない。この憲法が国民に保障する基本的人権は、侵すことのできない永久の権利として、現在及び将来の国民に与へられる。

〔自由及び権利の保持義務と公共福祉性〕

第十二条　この憲法が国民に保障する自由及び権利は、国民の不断の努力によつて、これを保持しなければならない。又、国民は、これを濫用してはならないのであつて、常に公共の福祉のためにこれを利用する責任を負ふ。

〔個人の尊重と公共の福祉〕

第十三条　すべて国民は、個人として尊重される。生命、自由及び幸福追求に対する国民の権利については、公共の福祉に反しない限り、立法その他の国政の上で、最大の尊重を必要とする。

〔平等原則、貴族制度の否認及び栄典の限界〕

第十四条　すべて国民は、法の下に平等であつて、人種、信条、性別、社会的身分又は門地により、政治的、経済的又は社会的関係において、差別されない。

2　華族その他の貴族の制度は、これを認めない。

3　栄誉、勲章その他の栄典の授与は、いかなる特権も伴はない。栄典の授与は、現にこれを有し、又は将来これを受ける者の一代に限り、その効力を有する。

第十五条　公務員を選定し、及びこれを罷免することは、国民固有の権利である。

2　すべて公務員は、全体の奉仕者であつて、一部の奉仕者ではない。
3　公務員の選挙については、成年者による普通選挙を保障する。
4　すべて選挙における投票の秘密は、これを侵してはならない。選挙人は、その選択に関し公的にも私的にも責任を問はれない。

〔思想及び良心の自由〕
第十九条　思想及び良心の自由は、これを侵してはならない。

〔信教の自由〕
第二十条　信教の自由は、何人に対してもこれを保障する。いかなる宗教団体も、国から特権を受け、又は政治上の権力を行使してはならない。
2　何人も、宗教上の行為、祝典、儀式又は行事に参加することを強制されない。
3　国及びその機関は、宗教教育その他いかなる宗教的活動もしてはならない。

〔集会、結社及び表現の自由と通信秘密の保護〕
第二十一条　集会、結社及び言論、出版その他一切の表現の自由は、これを保障する。
2　検閲は、これをしてはならない。通信の秘密は、これを侵してはならない。

〔居住、移転、職業選択、外国移住及び国籍離脱の自由〕
第二十二条　何人も、公共の福祉に反しない限り、居住、移転及び職業選択の自由を有する。
2　何人も、外国に移住し、又は国籍を離脱する自由を侵されない。

〔学問の自由〕

第二十三条　学問の自由は、これを保障する。

〔家族関係における個人の尊厳と両性の平等〕

第二十四条　婚姻は、両性の合意のみに基いて成立し、夫婦が同等の権利を有することを基本として、相互の協力により、維持されなければならない。

2　配偶者の選択、財産権、相続、住居の選定、離婚並びに婚姻及び家族に関するその他の事項に関しては、法律は、個人の尊厳と両性の本質的平等に立脚して、制定されなければならない。

〔生存権及び国民生活の社会的進歩向上に努める国の義務〕

第二十五条　すべて国民は、健康で文化的な最低限度の生活を営む権利を有する。

2　国は、すべての生活部面について、社会福祉、社会保障及び公衆衛生の向上及び増進に努めなければならない。

〔教育を受ける権利と受けさせる義務〕

第二十六条　すべて国民は、法律の定めるところにより、その能力に応じて、ひとしく教育を受ける権利を有する。

2　すべて国民は、法律の定めるところにより、その保護する子女に普通教育を受けさせる義務を負ふ。義務教育は、これを無償とする。

〔勤労の権利と義務、勤労条件の基準及び児童酷使の禁止〕

第二十七条　すべて国民は、勤労の権利を有し、義務を負ふ。

2　賃金、就業時間、休息その他の勤労条件に関する基準は、法律でこれを定める。

3　児童は、これを酷使してはならない。

〔勤労者の団結権及び団体行動権〕

第二十八条　勤労者の団結する権利及び団体交渉その他の団体行動をする権利は、これを保障する。

第四章　国会

第五章　内閣

第六章　司法

第七章　財政

第八章　地方自治

第九章　改正

第十章　最高法規

〔基本的人権の由来特質〕

第九十七条　この憲法が日本国民に保障する基本的人権は、人類の多年にわたる自由獲得の努力の成果であつて、これらの権利は、過去幾多の試錬に堪へ、現在及び将来の国民に対し、侵すことのできない永久の権利として信託されたものである。

〔憲法の最高性と条約及び国際法規の遵守〕

第九十八条　この憲法は、国の最高法規であつて、その条規に反する法律、命令、詔勅及び国務に関するその他の行為の全部又は一部は、その効力を有しない。

2　日本国が締結した条約及び確立された国際法規は、これを誠実に遵守することを必要とする。

〔憲法尊重擁護の義務〕

第九十九条　天皇又は摂政及び国務大臣、国会議員、裁判官その他の公務員は、この憲法を尊重し擁護する義務を負ふ。

第十一章　補則

世界人権宣言

世界人権宣言は、一九四八年一二月一〇日に第三回国際連合総会で採択された。

前文

人類社会のすべての構成員の固有の尊厳と平等で譲ることのできない権利とを承認することは、世界における自由、正義及び平和の基礎であるので、人権の無視及び軽侮が、人類の良心を踏みにじった野蛮行為をもたらし、言論及び信仰の自由が受けられ、恐怖及び欠乏のない世界の到来が、一般の人々の最高の願望として宣言されたので、人間が専制と圧迫とに対する最後の手段として反逆に訴えることがないようにするためには、法の支配によって人権保護することが肝要であるので、諸国間の友好関係の発展を促進することが、肝要であるので、国際連合の諸国民は、国際連合憲章において、基本的人権、人間の尊厳及び価値並びに男女の同権についての信念を再確認し、かつ、一層大きな自由のうちで社会的進歩と生活水準の向上とを促進することを決意したので、加盟国は、国際連合と協力して、人権及び基本的自由の普遍的な尊重及び遵守の促進を達成することを誓約したので、これらの権利及び自由に対する共通の理解は、この誓約を完全にするためにもっとも重要であるので、よって、ここに、国際連合総会は、社会の各個人及び各機関が、この世界人権宣言を常に念頭に置きながら、加盟国自身の人民の間にも、また、加盟国の管轄下にある地域の人民の間にも、これらの権利と自由との尊重を指導及び教育によって促進すること並びにそれらの普遍的かつ効果的な承認と遵守とを国内的及び国際的な漸進的措置によって確保することに努力するように、すべての人民とすべての国とが達成すべき共通の基準として、この世界人権宣言を公布する。

第一条　すべての人間は、生れながらにして自由であり、かつ、尊厳と権利とについて平等である。人間は、理性と良心とを授けられており、互いに同胞の精神をもって行動しなければならない。

第二条　1、すべて人は、人種、皮膚の色、性、言語、宗教、政治上その他の意見、国民的若しくは社会的出身、財産、門地その他の地位又はこれに類するいかなる事由による差別をも受けることなく、この宣言に掲げるすべての権利と自由とを享有することができる。

2、さらに、個人の属する国又は地域が独立国であると、信託統治地域であると、非自治地域であると、又は他のなんらかの主権制限の下にあるとを問わず、その国又は地域の政治上、管轄上又は国際上の地位に基づくいかなる差別もしてはならない。

第三条　すべて人は、生命、自由及び身体の安全に対する権利を有する。

第四条　何人も、奴隷にされ、又は苦役に服することはない。奴隷制度及び奴隷売買は、いかなる形においても禁止する。

第五条　何人も、拷問又は残虐な、非人道的な若しくは屈辱的な取扱若しくは刑罰を受けることはない。

第六条　すべて人は、いかなる場所においても、法の下において、人として認められる権利を有する。

第七条　すべての人は、法の下において平等であり、また、いかなる差別もなしに法の平等な保護を受ける権利を有する。すべての人は、この宣言に違反するいかなる差別に対しても、また、そのような差別をそそのかすいかなる行為に対しても、平等な保護を受ける権利を有する。

第八条　すべて人は、憲法又は法律によって与えられた基本的権利を侵害する行為に対し、権限を有する国内裁判所による効果的な救済を受ける権利を有する。

第九条　何人も、ほしいままに逮捕、拘禁、又は追放されることはない。

第十条　すべて人は、自己の権利及び義務並びに自己に対する刑事責任が決定されるに当っては、独立の公平な裁判所による公正な公開の審理を受けることについて完全に平等の権利を有する。

第十一条　1、犯罪の訴追を受けた者は、すべて、自己の弁護に必要なすべての保障を与えられた公開の裁判において法律に従って有罪の立証があるまでは、無罪と推定される権利を有する。

2、何人も、実行の時に国内法又は国際法により犯罪を構成しなかった作為又は不作為のために有罪とされることはない。また、犯罪が行われた時に適用される刑罰より重い刑罰を課せられない。

第十二条　何人も、自己の私事、家族、家庭若しくは通信に対して、ほしいままに干渉され、又は名誉及び信用に対して攻撃を受けることはない。人はすべて、このような干渉又は攻撃に対して法の保護を受ける権利を有する。

第十三条　1、すべて人は、各国の境界内において自由に移転及び居住する権利を有する。

2、すべて人は、自国その他いずれの国をも立ち去り、及び自国に帰る権利を有する。

第十四条　1、すべて人は、迫害を免れるため、他国に避難することを求め、かつ、避難する権利を有する。

2、この権利は、もっぱら非政治犯罪又は国際連合の目的及び原則に反する行為を原因とする訴追の場合には、援用することはできない。

第十五条　1、すべて人は、国籍をもつ権利を有する。

2、何人も、ほしいままにその国籍を奪われ、又はその国籍を変更する権利を否認されることはない。

第十六条　1、成年の男女は、人権、国籍又は宗教によるいかなる制限をも受けることなく、婚姻し、かつ家庭をつくる権利を有する。成年の男女は、婚姻中及びその解消に際し、婚姻に関し平等の権利を有する。

2、婚姻は、両当事者の自由かつ完全な合意によってのみ成立する。

3、家庭は、社会の自然かつ基礎的な集団単位であって、社会及び国の保護を受ける権利を有する。

第十七条　1、すべて人は、単独で又は他の者と共同して財産を所有する権利を有する。

2、何人も、ほしいままに自己の財産を奪われることはない。

第十八条　すべて人は、思想、良心及び宗教の自由に対する権利を有する。この権利は、宗教又は信念を変更する自由並びに単独で又は他の者と共同して、公的に又は私的に、布教、行事、礼拝及び儀式によって宗教又は信念を表明する自由を含む。

第十九条　すべて人は、意見及び表現の自由に対する権利を有する。この権利は、干渉を受けることなく自己の意見をもつ自由並びにあらゆる手段により、また、国境を越えると否とにかかわりなく、情報及び思想を求め、受け、及び伝える自由を含む。

第二十条　1、すべての人は、平和的集会及び結社の自由に対する権利を有する。

2、何人も、結社に属することを強制されない。

第二十一条　1、すべて人は、直接に又は自由に選出された代表者を通じて、自国の政治に参与する権利を有する。

2、すべて人は、自国においてひとしく公務につく権利を有する。

3、人民の意思は、統治の権力を基礎とならなければならない。この意思は、定期のかつ真正な選挙によって表明されなければならない。この選挙は、平等の普通選挙によるものでなければならず、また、秘密投票又はこれと同等の自由が保障される投票手続によって行われなければならない。

第二十二条　すべて人は、社会の一員として、社会保障を受ける権利を有し、かつ、国家的努力及び国際的協力により、また、各国の組織及び資源に応じて、自己の尊厳と自己の人格の自由な発展とに欠くことのできない経済的、社会的及び文化的権利を実現する権利を有する。

第二十三条　1、すべて人は、勤労し、職業を自由に選択し、公正かつ有利な勤労条件を確保し、及び失業に対する保護を受ける権利を有する。

2、すべて人は、いかなる差別をも受けることなく、同等の勤労に対し、同等の報酬を受ける権利を有する。

3、勤労する者は、すべて、自己及び家族に対して人間の尊厳にふさわしい生活を保障する公正かつ有利な報酬を受け、かつ、必要な場合には、他の社会的保護手段によって補充を受けることができる。

4、すべて人は、自己の利益を保護するために労働組合を組織し、及びこれに参加する権利を有する。

第二十四条　すべて人は、労働時間の合理的な制限及び定期的な有給休暇を含む休息及び余暇をもつ権利を有する。
第二十五条　1、すべて人は、衣食住、医療及び必要な社会的施設等により、自己及び家族の健康及び福祉に十分な生活水準を保持する権利並びに失業、疾病、心身障害、配偶者の死亡、老齢その他不可抗力による生活不能の場合は、保障を受ける権利を有する。
2、母と子とは、特別の保護及び援助を受ける権利を有する。すべての児童は、嫡出であると否とを問わず、同じ社会的保護を受ける。
第二十六条　1、すべて人は、教育を受ける権利を有する。教育は、少なくとも初等の及び基礎的の段階においては、無償でなければならない。初等教育は、義務的でなければならない。技術教育及び職業教育は、一般に利用できるものでなければならず、また、高等教育は、能力に応じ、すべての者にひとしく開放されていなければならない。
2、教育は、人格の完全な発展並びに人権及び基本的自由の尊重の強化を目的としなければならない。教育は、すべての国又は人種的若しくは宗教的集団の相互間の理解、寛容及び友好関係を増進し、かつ、平和の維持のため、国際連合の活動を促進するものでなければならない。
3、親は、子に与える教育の種類を選択する優先的権利を有する。
第二十七条　1、すべて人は、自由に社会の文化生活に参加し、芸術を鑑賞し、及び科学の進歩とその恩恵とにあずかる権利を有する。
2、すべて人は、その創作した科学的、文学的又は美術的作品から生ずる精神的及び物質的利益を保護される権利を有する。

第二十八条　すべて人は、この宣言に掲げる権利及び自由が完全に実現される社会的及び国際的秩序に対する権利を有する。

第二十九条　1、すべて人は、その人格の自由かつ完全な発展がその中にあってのみ可能である社会に対して義務を負う。

2、すべて人は、自己の権利及び自由を行使するに当っては、他人の権利及び自由の正当な承認及び尊重を保障すること並びに民主的社会における道徳、公の秩序及び一般の福祉の正当な要求を満たすことをもっぱら目的として法律によって定められた制限にのみ服する。

3、これらの権利及び自由は、いかなる場合にも、国際連合の目的及び原則に反して行使してはならない。

第三十条　この宣言のいかなる規定も、いずれかの国、集団又は個人に対して、この宣言に掲げる権利及び自由の破壊を目的とする活動に従事し、又はそのような目的を有する行為を行う権利を認めるものと解釈してはならない。

碓井敏正（うすい　としまさ）経歴

1946年、東京都生まれ

1969年、京都大学文学部哲学科卒業

1974年、京都大学大学院博士課程哲学専攻修了

専攻　哲学

現在　京都橘大学名誉教授

主　著（単著）

『自由・平等・社会主義』（文理閣、1994年）

『戦後民主主義と人権の現在』（部落問題研究所、1996年。増補改訂版2001年）

『日本的平等主義と能力主義、競争原理』（京都法政出版、1997年）

『現代正義論』（青木書店、1998年）

『国境を超える人権』（三学出版、2000年）

『グローバル・ガバナンスの時代へ』（大月書店、2004年）

『グローバリゼーションの権利論』（明石書店、2006年）

『人生論の12週』（三学出版、2007年）

『格差とイデオロギー』（大月書店、2008年）

『成熟社会における人権、道徳、民主主義』（文理閣、2010年）

『革新の再生のために――成熟社会再論』（文理閣、2012年）

『成熟社会における組織と人間』（花伝社、2015年）

『教科化された道徳への向き合い方』（かもがわ出版、2017年）

『しのび寄る国家の道徳化』（本の泉社、2020年）

『日本共産党への提言――組織改革のすすめ』（花伝社、2023年

編　著

『グローバリゼーションと市民社会』（文理閣、望田幸男氏との

共編、2000年）
『ポスト戦後体制への政治経済学』（大月書店、大西広氏との共編、2001年）
『教育基本法「改正」批判』（文理閣、2003年）
『格差社会から成熟社会へ』（大月書店、大西広氏との共編、2007年）
『成長国家から成熟社会へ――福祉国家論を超えて』（花伝社、大西広氏との共編、2014年）
『自己責任資本主義から友愛社会主義へ』（ロゴス、西川伸一氏との共編、2022年）

人権と民主主義の再考
――中国の台頭、ポピュリズム、社会的分断の中で

2024年7月15日　初版第1刷発行

著　者　　碓井敏正
発行人　　入村康治
装　幀　　入村　環
発行所　　ロゴス

〒113-0033　東京都文京区本郷2-6-11
TEL.03-5840-8525　FAX.03-5840-8544
URL http://logos-ui.org　Mail logos.sya@gmail.com

印刷／製本　株式会社 Sun Fuerza

定価はカバーに表示してあります。